KABENGELE MUNANGA

ARTE AFRO-BRASILEIRA: O QUE É AFINAL?

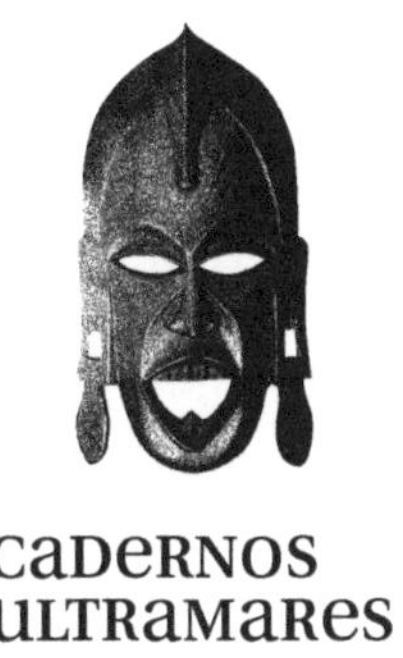

CADERNOS ULTRAMARES

ORGANIZAÇÃO E PROJETO GRÁFICO

Marcos Lacerda, Ana Paula Simonaci e Sergio Cohn

CONSELHO EDITORIAL

André Botelho

Bernardo Esteves

Boaventura de Souza Santos

Evelyn Goyannes Dill Orrico

Fréderic Vanderberghe

José Luis Garcia

Maria João Cantinho

Renato Rezende

Teresa Arijón

Vagner Amaro

ISBN 9786586962741

azougue press |
coordenação geral Sergio Cohn
coordenação editorial
Sergio Cohn — Darien Lamen — Cristián Jiménez Plaza
Brasil | CNPJ 12.272.339/0001-26
Portugal | Oca Editorial NF 515805394
USA | E. Id. 803650511
Chile | Tucán Ediciones RUT 77.369.106-1

A proposta dos Cadernos Ultramares é transpor fronteiras. Não apenas geográficas, com a edição de um amplo panorama do pensamento brasileiro para o público português, mas também entre as áreas do saber, criando uma coleção transdisciplinar, acessível não apenas para leitores especializado, pesquisadores e acadêmicos, como para interessados em geral.

Para isto, os Cadernos Ultramares privilegiam a leveza do ensaio, a "brigada ligeira", utilizando-se de um gênero marcado pela abertura e experimentação, uma forma privilegiada para a proposição e a apresentação de interpretações da cultura e da sociedade. Nos últimos anos, o gênero ensaio tem sido revalorizado como um importante meio de diálogo entre a pesquisa acadêmica e a sociedade.

O Brasil possui uma produção riquíssima de pensamento em diversas áreas, que vão da física à antropologia, da matemática às artes. Os Cadernos Ultramares, ao trazerem importantes textos de alguns dos nossos mais renomados pensadores, sejam clássicos ou contemporâneos, busca possibilitar ao leitor um olhar amplo e qualificado sobre essa produção.

Interessa-nos a constituição de um diálogo entre áreas, de uma conversa aberta que escape das armadilhas do pensamento especializado e do produtivismo acadêmico. Interessa, antes de tudo, a valorização do encontro do leitor com o sabor do texto, do prazer da leitura e da troca livre de pensamento.

apresentação

POR SERGIO COHN

Kabengele Munanga [1940] é um dos mais importantes pensadores de cultura africana e afro-brasileira em atuação no Brasil. Nascido no Congo, Kabengele trouxe para a nossa universidade um olhar amplo sobre diversas questões em torno do tema, informado por uma impressionante erudição e pela própria vivência. Desta forma, realizou intervenções fundamentais não apenas na bibliografia quanto no debate público sobre a questão da negritude, seus desafios e potencialidades culturais e sociais.

Para entender a trajetória singular de Kabengele, o melhor é escutar a sua fala, sempre marcada pela elegância. Em entrevista realizada para a Revista da USP, em 2013, para Pedro Jaime e Ari Lima, ele relembrou a sua trajetória:

> Nasci numa aldeia com nome de Bakwa-Kalonji (literalmente "descendentes de Kalonji"), no Congo-Belga, em 22 de junho de 1940.

Uma colônia que se tornou independente em 30 de junho de 1960, quando eu tinha 20 anos. Com a independência, o país passou a se chamar sucessivamente República do Congo, República do Zaire, República Democrática do Congo. Entretanto, em meu registro de nascimento, que foi feito por meu irmão mais velho, hoje com 95 anos e o primeiro alfabetizado da minha família linear, consta nascido em 1942. Ele fez isso com a intenção de diminuir minha idade para que eu pudesse estudar. Só fiquei sabendo dessa história em 2001! Meu pai se chamava Ilunga Kalama e minha mãe Mwanza Wa Biaya. Nenhum deles carregou o sobrenome Kabengele, que hoje me liga aos meus filhos, netos e aos futuros bisnetos. O nome fixo da família ou sobrenome é uma prática recente, que a elite colonizada começou a adotar, diria que por mimetismo e por imposição da cultura do colonizador. Entramos todos, infelizmente, nessa tradição que não era de nossos antepassados.

Meus pais nasceram estimativamente nos anos da Conferência de Berlim, que partilhou a África (1884-1885). Quer dizer, eles fizeram parte da primeira geração viva dos congoleses colonizados pelos belgas. Era uma geração de analfabetos no sentido ocidental da palavra, isto é, pessoas que não sabiam ler nem escrever no alfabeto ocidental, embora dominassem a oralidade pela qual passava a educação, a socialização e a história do grupo. Viviam da agricultura de subsistência na terra da linhagem Bena Tshitala, plantando mandioca, milho, feijão, diversas leguminosas, árvores frutíferas etc. A caça e a pesca eram atividades sazonais especializadas que alguns praticavam. Com a colonização, passaram a cultivar algodão por imposição colonial, como forma de pagar os impostos. E criavam galinhas e outros animais, como carneiros e cabras.

A terra era um patrimônio social inalienável sobre a qual eles tinham apenas direitos de usufruto e não de proprietários. Como todas as pessoas de sua geração, colocaram seus filhos na escola colonial, o que, segundo pensavam, os ajudaria a ascender socialmente e a se assemelhar aos brancos colonizadores. Por isso frequentei a escola colonial; obrigado pela família. Infelizmente, não conheci meu pai biológico, que faleceu quando eu tinha apenas seis meses de vida. A fotografia ainda não tinha chegado aos colonizados de sua geração e, portanto, não tenho nem sequer um registro dele. Mas felizmente tive outros pais sociais, isso porque cresci numa cultura em que não existe a palavra "tio", pois todos os tios são chamados de pai e assumem a responsabilidade do pai biológico. Por isso, não existe órfão na minha sociedade original. Minha infância, até os 10 anos de idade, foi passada na aldeia, numa família extensa onde sabíamos em mínimos detalhes nossas relações de parentesco pela contagem geracional independentemente da idade física das pessoas.

Desde cedo fomos socializados de acordo com nosso sexo para as tarefas domésticas e a agricultura. Realizávamos essas tarefas quando não estávamos na escola. Nela se ensinava principalmente o catecismo e a Bíblia. Ou seja, até 1950, vivi na minha aldeia, entre parentes próximos e distantes, numa vida integrada ao ritmo da natureza, sem relógio e sem compromissos. Acordávamos com a luz do dia, brincávamos o quanto podíamos e, nos horários das refeições coletivas, comíamos embaixo da árvore, se não chovia. Tomávamos banho no rio sempre coletivamente. À noite, nos dias de lua cheia, ficávamos a brincar até que ela deixasse de iluminar a aldeia. E quando ela não iluminava, sentávamos em torno da fogueira para escutar as histórias que os mais velhos contavam até adormecermos. Diria que foi o pedaço mais feliz da minha vida; uma felicidade que o processo de tomada de consciência veio estragar. Afirmo isso porque aquela vida de opressão à qual nossos pais estavam submetidos não era percebida por nós, ainda crianças, em sua violência.

Saí da aldeia aos 10 anos, para começar o primeiro primário num pequeno centro urbanizado, Muene Ditu, que ficava a cerca de 50 quilômetros. Nesse centro, havia uma missão católica e uma estação de trem. Nele, um dos meus pais (tios) e meu irmão mais velho mantinham um pequeno comércio de venda de peixe defumado. Então, me chamaram para morar com eles, para que pudesse estudar na Missão Católica. Naquela época, a escola era monopólio das missões católicas e protestantes estabelecidas na colônia.

Ainda na escola, Kabengele começou a ter acesso a leituras que formariam a sua posição política e intelectual:

> Já no colégio secundário, por volta de 1956, a consciência da colonização e de todos os males que causava aos nossos pais começa a aflorar. Isso acontece porque tínhamos acesso a informações sobre as reivindicações de independência em outros países do mundo e também porque íamos percebendo as contradições entre o discurso da missão civilizadora e as condições concretas de vida das pessoas a nossa volta. O contato com uma literatura que falava da opressão colonial, notadamente aquela produzida pelos intelectuais do movimento da negritude, entre outros, muito nos ajudou a superar a naturalização da colonização e da superioridade do homem branco, e a começar a entender o que de fato estava acontecendo. A lenta conscientização não passava pela formação livresca recebida na escola colonial. Esta, pelo contrário, sempre favoreceu nossa alienação, para assegurar a dominação e a exploração. Passava, sim, pelas conversas entre colegas e amigos, que

trocavam referências de livros e informações sobre o assunto. Parte dessas leituras pude desenvolver mais tarde, na universidade, junto com os ensinamentos de alguns mestres.

Kabengele finalizou a escola num momento em que o Congo, recém-independente, sentia a necessidade urgente de criar uma elite universitária, o que facilitava o acesso dos jovens ao ensino superior. Em 1964, entrou no curso de Ciências Sociais na Universidade Oficial do Congo. Pouco depois, migraria para a Antropologia:

> Dois anos depois do meu ingresso na universidade, foram criadas as formações em Antropologia e Linguística africanas. Como requisito para ingressar na formação de antropologia africana, exigia-se a preparação básica com o currículo de dois anos de Ciências Sociais, o que se chamava de "Candidatura em Ciências Sociais" na terminologia acadêmica belga. O curso de Antropologia africana começou em 1966, com apenas um aluno inscrito. Esse aluno se chamava Kabengele Crispin (atual Kabengele Munanga). Ninguém, fora eu, queria fazer Antropologia, porque todos os

meus colegas da época tinham a informação de que a Antropologia era uma disciplina que se colocou a serviço da colonização para justificar a inferioridade do negro. De que adiantaria uma ciência considerada colonial no contexto das independências? Havia certamente uma confusão entre a antropologia cultural e a antropologia física (cuja participação na construção e disseminação de teorias racialistas era inegável). Eu, um "louco", como alguns de meus colegas e amigos consideravam, encarei o desafio, porque através da disciplina de Introdução à Antropologia, ministrada pelo professor Ferdinand Ngoma, doutor em Sociologia pela Sorbonne e, aliás, o único professor negro (congolês) na Universidade Oficial do Congo, já tinha certo discernimento entre a antropologia física e a antropologia cultural.

O curriculum de Antropologia que segui era calcado nos currículos das universidades belgas, francesas e anglo-saxônicas. Os pré--clássicos e os clássicos (evolucionismo, difusionismo, culturalismo e funcionalismo) fizeram parte da minha formação teórica, com as devidas críticas ao evolucionismo linear e ao difusionismo extremista. O funcionalismo era o que havia de mais avançado. Malinowski, Radcliffe-Brown, Evans-Pritchard, Max Gluckman, Vitor Turner, Mary Douglas, entre outros, faziam parte da lista dos autores cuja leitura era obrigatória. Fui quase mimado por meus professores, que vinham da Bélgica, da França e dos Estados Unidos para dar aula a um único aluno.

Após se formar, Kabengele vai para a Bélgica, para realizar pós-gradução:

Quando terminei o curso de Antropologia na Universidade Oficial do Congo, em 1969, fui convidado por meus mestres, todos ainda belgas, a aceitar o posto de assistente (correspondente de auxiliar de ensino no sistema brasileiro) no Departamento de Antropologia e Linguística Africanas da mesma universidade. Era tudo o que queria ser: pesquisador e professor. Seis meses depois, no mesmo ano, ganhei uma bolsa de estudos do organismo belga Office de Coopération au Développement (OCD) para começar meus estudos de pós-graduação na Bélgica. Como meu diploma era equivalente ao diploma belga, fui admitido no programa de doutorado na Universidade de Louvain sob a orientação do professor Albert Maesen, grande especialista em arte africana, que foi também orientador da tese de Jan Vansina, respeitado africanista especializado em história oral.

Kabengele se aprofunda na Antropologia da Arte, se aprofundando no estudo das artes africanas tradicionais. Em 1971, com dois filhos pequenos, se programa para voltar para o Congo, para realizar trabalho de campo. Encontra no seu retorno um país muito diferente:

> Meu retorno coincide com mudanças brutais: o país muda de nome, passando de República do Congo à República do Zaire; as três universidades existentes são extintas e fundidas numa única: Universidade Nacional do Zaire (UNAZA), para reforçar o controle da ditadura sobre elas. Os reitores passam a ser nomeados pelo Presidente da República a partir de critérios políticos e não mais acadêmicos. As pesquisas sociais são inviabilizadas, pois não se pode fazer mais análise crítica dos problemas

da sociedade. Não havia mais financiamento para produzir conhecimento. As bibliotecas ficavam cada vez mais desatualizadas. Os slogans políticos da ditadura estavam presentes até nas salas de aula, onde alguns estudantes da Juventude do Movimento Popular da Revolução vigiavam o conteúdo de nossos cursos e nossos discursos. Um horror!

De qualquer forma, consegue realizar o trabalho de campo entre os Basanga. Mas, quando precisa retornar para a univesidade belga para finalizar seu doutorado, não consegue bolsa de estudos, em virtude à situação política do país. Foi essa dificuldade que acabou trazendo Kabengele para o Brasil:

No ano de 1974, veio visitar minha universidade o professor Fernando Mourão, do antigo Departamento de Ciências Sociais da FFLCH-USP e vice-diretor do Centro de Estudos Africanos (CEAUSP). Ele deu uma conferência intitulada "As sobrevivências culturais africanas no Brasil", além de estabelecer relações de cooperação entre a USP e minha universidade. Na verdade, vinha realizando essa articulação em todas as universidades africanas por onde passava. Como ficou hospedado na casa do professor Luis Beltrán, um grande amigo meu, passei para aprofundar um pouco o tema de sua conferência, que muito me interessou. Foi, então, que ele me informou que soube das minhas dificuldades para fazer o doutorado na Bélgica e sinalizou para a possibilidade de eu fazê-lo na USP dentro do convênio que estava sendo estabelecido. De volta ao Brasil, mandou o primeiro formulário de bolsa, que beneficiou o candidato Kazadi wa Mukuna, o primeiro africano a colocar os pés na USP para fazer doutorado. No ano seguinte, foi a minha vez.

Assim, em 18 de julho de 1975, desembarquei no aeroporto de Congonhas. Um funcionário da USP, o senhor Cairbar de Macedo, veio me receber. Ele havia decorado algumas curtas frases em inglês, que permitiram a difícil comunicação. Então, me levou para o CRUSP, onde um quarto no 4º andar do Bloco A estava preparado para mim. Ninguém conhece essa história, mas fui o primeiro morador do CRUSP depois que ficou fechado desde 1968, em razão da ditadura militar. Não posso me esquecer de mencionar que os comentários dos meus amigos e colegas quanto à decisão de aceitar esse convite foram semelhantes aos que fizeram por ocasião da minha escolha pela formação em antropologia. Se naquela oportunidade eles me disseram: "Você é louco! A antropologia é uma ciência colonial!", dessa vez me alertaram: "Você é louco! Em vez de esperar outra oportunidade para ir para a Europa ou para os Estados Unidos, vai para o Brasil, um país de carnaval, samba e futebol! Que antropologia você vai estudar naquele país?". Alguns até mesmo mencionaram a famosa frase do general De Gaulle: "Le Brésil, ce pays-là n'est pas sérieux". De fato, o que eu conhecia mesmo do Brasil eram essas três coisas: carnaval, samba e futebol. A melhor imagem que tinha do país vinha do filme Orfeu negro, de Cacá Diegues. Não esperava me deparar com uma universidade do tamanho da USP.

Ademais, como o mito da democracia racial havia atravessado as fronteiras brasileiras, cheguei com a convicção de que ia encontrar um país sem preconceito e sem discriminação racial. Mas essa convicção foi logo frustrada. Primeiros africanos a chegarem à

USP, éramos os únicos e raros negros que circulavam pelos corredores de algumas faculdades. Nossos colegas eram todos brancos! Estranhamos bastante essa situação porque nas universidades europeias, por causa da colonização, encontrávamos muitos negros africanos. Consequentemente, acreditávamos que aqui teríamos vários colegas negros brasileiros. Nenhum!

Para além disso, Kabengele encontrou um ambiente universitário que pouco conhecia da história africana, marcado por inesperado preconceito:

Outra experiência desagradável está relacionada com a ignorância que meus colegas estudantes brasileiros revelavam sobre a África. Uma ignorância que ia da geografia aos povos e culturas daquele continente, que muitos confundiam com um país. Quantas vezes me perguntaram se eu já havia caçado um leão e que instrumento de música tocava... Quando respondia que não era caçador e que não tocava nenhum instrumento musical, era quase um escândalo. Aquela história de Arthur de Gobineau de que a arte brota dos instintos

primitivos do negro, daí a convicção de que
"o negro tem musicalidade no sangue", havia
pegado mesmo para valer.

Mas mesmo isso não o impediu de perceber a força da formação acadêmica da USP de então:

> Outra coisa também foi marcante para mim: o grande desenvolvimento das ciências sociais e da antropologia na USP me deixa sem complexo de inferioridade comparativamente aos colegas que estudaram nas universidades ocidentais. Apresento-me em qualquer lugar do mundo por onde passo, com a cabeça erguida, como Doutor em Antropologia pela Universidade de São Paulo!

É neste contexto que Kabengele vai finalizar em 1977 o seu doutorado, que seria publicado em 1986, com o título Os Basanga de Shaga: um grupo étnico do Zaire. Ensaio de Antropologia Geral. Em 1979, vai para a Universidade Federal do Rio Grande do Norte (UFRN) para lecionar no recém-inaugurado curso de mestrado em Ciências Sociais. Lá, começa um estudo sobre as comunidades negras do interior do estado. Em paralelo, orienta o primeiro mestrado sobre a

Casa de Minas, de São Luiz do Maranhão, o que o leva a estudar os autores que estavam trabalhando sobre religiões africanas no Brasil, como Roger Bastide.

Em 1980, volta para São Paulo, para se tornar professor da USP, onde aprofunda suas pesquisas sobre relações raciais, "mas sem abrir mão de questões afins, como o processo de construção da identidade de resistência e o projeto de mudança da vida do negro no Brasil". É também nessa época que se torna responsável pelo acervo de arte africana e afro-brasileira do Museu de Arqueologia e Etnologia (MAE) da USP, cargo que permanece por nove anos. Entre 1983 e 1989, se torna diretor do museu.

Ao mesmo tempo, se torna um importante nome da constituição de um pensamento sobre negritude no Brasil, tendo publicado em 1986 o livro Negritude: usos e sentidos:

> O livro teve sua primeira edição em 1986, pela Ática, na coleção "Séries e Princípios". Dois anos depois, em 1988, foi publicada a segunda edição. Não sei quantas reimpressões desconhecidas houve, mas sei que este foi um livro lido por diferentes gerações de afrodescendentes. Por que o escrevi? Porque observei que existia um grande vazio em termos de

conhecimentos sobre a negritude. Muitos jovens falavam da negritude sem saber ao justo o que significava histórica e conceitualmente. Havia a necessidade de uma síntese inteligível de tudo o que tinha sido publicado sobre a negritude, para que os jovens afrodescendentes e estudantes em geral pudessem se inteirar antes de aplicar esse conceito ao processo de construção da identidade negra no Brasil.

Radicado há mais de quatro décadas no Brasil, Kabengele constituiu uma obra de alta importância, além de ter participado de importantes debates públicos, ajudando a estabelecer relações consistentes entre o movimento social negro e a universidade e publicando importantes obras como *A revolta dos colonizados* (1995), *Estratégias e políticas de combate à discriminação racial* (1996), *Rediscutindo a mestiçagem no Brasil* (2004) e *Superando o racismo na escola* (2006).

Os ensaios reunidos neste volume dos Cadernos Ultramares tratam sobre temática muito presente na trajetória de Kabengele, a arte africana e afro-brasileira: "Arte afro-brasileira: o que é afinal?" (publicado orginalmente na revista *Paralaxe*, em 2019), "A dimensão estética da arte negro-africana" (publicada originalmente em *MAC-USP Notícias*, em 2016) e "Pan-africanismo, negritude e Teatro Experimental do Negro" (publicado originalmente na revista *A Ilha*, em 2016). Neles, conceitos e historiografia se unem ao estilo sóbrio do autor, criando textos de referência para o entendimento do tema. É um esforço, sempre presente na obra de Kabengele, de apresentação dos objetos tratados para um entendimento amplo. Uma marca de generosidade intelectual que acompanha o seu pensamento, voltado para uma preocupação social de contextualização e formação do interlocutor. Uma ética cada vez mais urgente para constituição de uma sociedade capaz de lidar com as suas complexidades e seus desafios, no caminho para a constituição de um mundo mais justo e aberto às diversidades.

Por tudo isso, é sempre uma alegria e um aprendizado ler e ouvir a sabedoria de Kabengele Munanga.

arte afro-brasileira: o que é afinal?

Definir as artes plásticas afro-brasileiras não é uma questão meramente semântica, pois envolve uma complexidade de outras questões remetendo ora à história do escravizado africano no Brasil, ora à sua condição social, política e econômica, ora à sua cosmovisão e religião na nova terra.

Propor uma definição geral da arte na qual se incluiria a afro-brasileira colocar-nos-ia diante de uma velha discussão inesgotável que já foi explorada pelos filósofos, historiadores, críticos de arte, sociólogos e antropólogos. Na metafísica de Aristóteles, o termo "arte" designa uma atividade humana submissa a regras e tendo por objetivo um resultado determinado. O que permite distinguir a arte da natureza, da ciência e do jogo. Desse séntido geral decorre o termo artesão. Na Idade Média, as sete artes liberais ensinadas nas faculdades eram a gramática, a dialética, a retórica, a aritmética, a música, a geometria e a astronomia (MOURRAL, 1966, p.31). Nos tempos atuais, o termo "arte" mudou de sentido e evoca preferencialmente tudo aquilo que concerne o domínio da estética, da criatividade livre e desinteressada. Trata-se de uma atividade tipicamente cultural. A arte é múltipla em suas formas: arquitetura, pintura, escultura, poesia, música, dança, cinema, fotografia, etc., todas consideradas como produtoras de profundas emoções e de beleza.

O belo parece constituir um dos universais do espírito humano em todas as sociedades. Entre os gregos, o belo se aparentava ao verdadeiro e ao bem, sentido encontrado também na maioria das sociedades negro-africanas, onde o belo associa-se ao bom, ao verdadeiro e ao útil. Mas a dificuldade é definir o belo em si. Kant pensava que o julgamento estético devia se efetuar sem conceito por causa de sua subjetividade, pois exprime o que eu "sinto". No entanto, para não correr o risco de arruinar as noções de belo e de arte, não se pode dizer que tudo é belo, que qualquer coisa é bela pelo simples fato de alguém declará-la bela. O que levou Kant a pensar que entre todos os homens as condições subjetivas da faculdade de julgar são as mesmas, e que é belo o que agrada universalmente, sem conceito; o que sem conceito é reconhecido como objeto de uma satisfação necessária. Aqui reencontramos o universal e o necessário, que parecem corresponder às exigências do espírito humano.

A arte contemporânea parece evoluir numa direção muito diferente daquela do racionalismo kantiano. Seu objetivo não é mais apenas o belo, pois pode visar também à simples criatividade, à fantasia, ao jogo, à expressão pessoal, à busca do pitoresco, da originalidade, etc.

A questão fundamental que se coloca não é descobrir nas artes plásticas afro-brasileiras os universais da arte em geral, mas sim de defini-la, ou melhor, descrevê-la em relação à arte brasileira de modo generalizado. Em outras palavras, se a arte afro-brasileira é apenas um capítulo da arte brasileira, por que então este qualificativo "afro" a ela atribuído? Descobrir a africanidade presente ou escondida nessa arte constitui uma das condições primordiais de sua definição.

Mas que africanidade é essa, quando sabemos que os criadores dessa arte são descendentes de africanos escravizados que foram transplantados no Novo Mundo? Transplantação essa que operou um corte e, consequentemente, uma ruptura com a estrutura social original. A partir dessa ruptura, que, hipoteticamente, teria provocado uma despersonalização, ou seja, uma perda de identidade, ficam colocados o problema e as condições de continuidade dos elementos de africanidade nessa arte, por um lado, e a questão das novas formas recriadas no Novo Mundo e de como essas novas formas poderiam ainda ser impregnadas de africanidade, por outro.

Não há como fazer essa operação sem situar a chamada arte afro-brasileira no contexto histórico no qual surgiu, ou seja, sem considerá-la em função de uma época e de uma história que portam a marca de uma sociedade que foi arrancada de suas raízes. Como escreveu Roger Bastide, o problema que se coloca em primeiro lugar é o de compreender como tantos elementos culturais africanos puderam resistir ao rolo compressor do regime servil (BASTIDE, 1971, p.95). Para que os elementos culturais africanos pudessem sobreviver à condição de despersonalização de seus portadores pela escravidão, eles deveriam ter, *a priori*, valores mais profundos. A esses valores primários vistos como continuidade foram acrescidos novos valores que emergiram do novo ambiente. Ora, no contexto tradicional africano, as artes eram praticadas funcionalmente por membros especiais da comunidade, que, acreditava-se, teriam aprendido o ofício dos espíritos, e não dos mortais. Por essa razão a prática da arte era reservada à linhagem de certas famílias em particular. Em certos grupos étnicos, os escultores usavam um distintivo de classe e tinham uma posição de destaque na corte real.

Para que os elementos culturais ou artísticos possam ser retidos na memória de um indivíduo cortado de suas raízes é preciso que eles pertençam ao núcleo de sua existência, pois é este último que sobrevive à ruptura. É ele que alimenta a cristalização de elementos na memória individual e se torna mais eficaz quando combinado com o conjunto de fatores sociais cujo efeito é também de suma importância na preservação e especialmente na continuidade dc clementos culturais na nova sociedade (MUKUNA, s/d, p. 203).

Fora da totalidade definida na qual o objeto de arte é uma parte integrante esse objeto perde o valor a ele atribuído pela tradição em relação a uma dada cerimônia e assume um significado modificado, ou totalmente novo, em seu novo uso. Bastide assume essa ideia para explicar por que a religião banto, baseada nos "cultos dos ancestrais", não poderia sobreviver no Novo Mundo como a sua contrapartida sudanesa:

> A base era o seu culto dos ancestrais: (...) a escravidão quebrava e dispersava as linhagens, tornando impossível este culto da linhagem. Ainda falta ajuntar que os espíritos da natureza eram os espíritos de certos rios, de cer-

tas florestas e de certas montanhas da África; eles eram, portanto, localizados, ligados a um fragmento bem determinado da terra, e impossível, consequentemente, de serem conduzidos ao exílio forçado. Temos aí, cremos, as razões que prejudicaram fortemente a continuidade dos cultos bantos na América (BASTIDE, 1967, p.113-4).

Partindo desse exemplo, podemos concluir que a continuidade e a recriação de todos os elementos da arte africana no Brasil não foram integrais, porque a totalidade de suas estruturas social, política, econômica e religiosa não foi transportada ao Novo Mundo. No entanto, a continuidade de algumas formas de sua arte só foi recriada parcialmente, em função de suas novas condições de vida. Outras não foram recriadas, pois, tendo em vista que se tratava de uma arte utilitária e funcional, elas não encontraram um quadro funcional suficiente para se manterem apesar de sua presença na memória coletiva. Seria o caso, entre outros, das artes de corte. Com efeito, as cortes reais africanas das regiões de onde foram trazidos homens e mulheres que foram escravizados no Brasil (reinos do Congo, Cuba, Luba, Lunda, Cokwe etc., na África Central, e os reinos Yoruba, Fon, Ashanti etc., na África Ocidental), assim como todas as instituições a elas ligadas, foram motivo de grandes obras de arte.

Insígnias do poder, esses objetos tinham funções e significados simbólicos enquanto suportes materiais e espirituais do poder e da autoridade. Entre o Congo, Luba, Songye e outros povos da Savana ao sul da floresta equatorial, há de admirar bastões, machadinhas, enxós etc., refinados e ricamente esculpidos. São objetos de aparato, destinados a prestigiar o poder numa sociedade onde a potência do chefe é magnificada, pois mostra de maneira incontestável que seu possuidor é superior aos outros homens de seu povo (MAQUET, 1981, p. 117). Algumas insígnias têm um conteúdo histórico na medida em que evocam fatos característicos dos reinos e dos monarcas. Outras são exclusivamente reservadas ao uso real e aos ritos dinásticos. Seria o caso dos tronos e bancos, bastões de comando, peles de leopardo, tambores, estatuária "chefal" e as coroas dos obás, reis yorubá do golfo de Benin (THOMPSON, 1970, p.8-17).

Todos esses objetos, entre eles algumas verdadeiras obras de arte, apesar de estarem presentes na memória coletiva dos escravizados, não puderam encontrar um espaço para continuidade e recriação no Novo Mundo, porque as cortes e instituições reais que simbolizara não foram transportadas ao Brasil. Sendo objetos de arte utilitários, eles perderam seu significado dentro do sistema colonial e do regime servil.

Sabe-se, por exemplo, que durante a escravidão foram toleradas e até institucionalizadas as cerimônias de coroação dos reis do Congo (RODRIGUES, 1977, p.32), mas essa singularidade concedida aos colonos bantos do Congo só era possível dentro do espaço das confrarias religiosas as quais pertenciam, tais como a Venerável Ordem Terceira do Rosário de Nossa Senhora das Portas do Carmo, São Benedito, etc. No entanto, não puderam, dentro do contexto colonial e escravocrata vigente, reinventar objetos referidos, tradicionalmente utilizados nas instituições políticas africanas da época.

Todavia houve um campo cultural muito resistente, no qual se pode nitidamente observar o fenômeno de continuidade dos elementos culturais africanos no Brasil. Este campo, muito estudado pelos especialistas sociais de várias disciplinas, é o da religiosidade. Lembrar-se-ia que a conversão dos negros africanos figurava entre os motivos evocados no século XVI para legitimar e justificar a escravidão. A bordo dos navios negreiros havia já capelas onde eram batizados os cativos antes mesmo de realizar a travessia. Chegados ao destino no Brasil, eles eram proibidos de praticar suas religiões. Todas as medidas, incluídas as repressões policiais, foram tomadas para assegurar sua conversão ao catolicismo. De outro modo, a religião católica era considerada como a única e verdadeira, e as dos escravizados, relegadas à posição de cultos misteriosos ou de simples superstições.

Mas eles não aceitaram essa estratificação, que significava sua morte total. Numa relação de autoridade caracterizada pela assimetria, sua recusa não podia ser aberta. Por isso, tiveram de inventar estratégias de resistência e de sobrevivência. Estas não foram imediatas, pois eles ignoraram as características da religião do colonizador e mestre. Às vezes, quando este os autorizava, aos domingos, a se distrair, reagrupados por nações de origem, eles aproveitavam para louvar seus deuses. E os mestres, vendo-os cantar e dançar, pensavam que se tratava apenas de divertimento de negros nostálgicos (VERGER,1983, p.41). Progressivamente, com o tempo, os africanos escravizados começaram a perceber as características da vida dos santos católicos. Eles descobrem os elementos estruturais, cultuais e sociológicos da religião católica. Aproximando essas características com as de suas religiões, eles se dão conta de que existiam algumas similitudes fundamentais que vão manipular para dissimular suas verdadeiras crenças, a fim de se protegerem contra a violência dos mestres (BASTIDE, 1971, p.361).

Com efeito, a relação de intercessão dos santos junto à Santa Virgem e desta junto a Jesus na teologia católica era semelhante à da cosmologia africana yorubá, na qual os orixás são considerados como os intercessores dos homens junto a Olorum. Na religião católica, os santos presidem cada um uma atividade humana ou são encarregados, por exemplo, de curar certas doenças. Do mesmo modo, nas religiões negro-africanas os voduns e os orixás dirigem setores da natureza e do cosmos e são protetores de algumas profissões — como, por exemplo, as de caçadores, guerreiros, ferreiros, etc. (BASTIDE, 1971, p.361). A ideia de anjo guardião existe em ambas as religiões, com a diferença que no panteão religioso nagô cada pessoa conhece a natureza do seu anjo guardião (orixá de cabeça), contrariamente à religião católica, onde se tem apenas a ideia de sua existência. Os santos católicos, como os orixás, eram homens que viveram na Terra antes de pertencerem ao mundo celeste. A correspondência entre os santos e os orixás se baseia em geral nas semelhanças funcionais. Mas também são aproveitadas as semelhanças temperamentais do tempo em que os santos viviam uma vida puramente humana ou certas características de sua vida de santos (VALENTE, 1977, p.76).

Nessa correspondência nem sempre nítida, mas hesitante e flutuante segundo as regiões do Brasil e os terreiros de candomblé, Xangô, divindade do relâmpago, violento e viril, é comparado (na Bahia) com São Jerônimo, representado por um monge velho, calvo, barbudo e em companhia de um leão, obedientemente deitado a seus pés. Como o leão é o símbolo da realeza entre os yorubá, compreende-se porque São Jerônimo foi comparado a Xangô, que foi o terceiro soberano daquela nação (VERGER, 1983, p. 42). Assim por diante, Oya-Yansâ com Santa Bárbara (Bahia); Yemanjá com Nossa Senhora Imaculada Conceição; Oxossi com São Jorge (Bahia), que no Rio é comparado a Ogum; Omulu com São Lázaro e São Roque; Oxalá (Obatalá) com o Senhor do Bonfim, etc. (VERGER, 1983, p. 42).

Nas confrarias mais abertas às influências católicas, o Exu é confundido com o Diabo. Dois fatores principais teriam facilitado essa assimilação: o caráter fálico e imoral, que faz dele uma criatura pecaminosa aos olhos dos moralistas católicos, e seu papel de mestre das oferendas, que exige sua presença em todas as tarefas de sacrifício (AUGRAS, 1983, p.102). Os missionários católicos, vendo as estátuas "indecentes" que representam Exu, ficaram tão impressionados que pensaram que se tratava da representação de um demônio. E no Brasil o fato de a magia negra ter sido dirigida contra os brancos foi interpretado como coisa diabólica associada ao Exu, principalmente na Umbanda. Pelo contrário, nos candomblés nagô ditos ortodoxos, essa assimilação não é aceita, pois o Exu nada tem a ver com a encarnação do mal. Ele é muito temido pois é considerado muito perigoso por causa de sua força transformadora (AUGRAS, 1983, p. 102-3).

É dentro dessa correspondência baseada nas semelhanças funcionais entre santos católicos e orixás que devemos historicamente situar a questão da continuidade das formas artísticas plásticas africanas e o surgimento de uma linguagem plástica afro-brasileira. Uma linguagem sem dúvida religiosa, praticada por causa da repressão ideológica e política.

Trazidos pela força ao Brasil, nas condições conhecidas, esses escravizados africanos não puderam carregar em suas bagagens (o que certamente não fizeram) todos os objetos necessários às atividades cultuais e símbolos dos deuses e espíritos ancestrais. Alguns teriam trazido escondidos (supõe-se) pequenos objetos de culto, amuletos protetores e pequenos utensílios. No entanto, encontraram no Brasil condições ecológicas semelhantes as do ecossistema de suas origens, oferecendo entre outras coisas as mesmas essências vegetais. O que teria facilitado a continuidade de uma religião cuja relação entre o homem, a sociedade e a natureza é primordial. Visto deste ângulo, uma parte de sua medicina e a produção dos objetos simbólicos ligados a suas práticas e seus cultos religiosos teriam encontrado um terreno fecundo e as mínimas condições de resistência, de continuidade e até de inovações, apesar da adversidade explícita no sistema colonial e escravista. É assim que nasce a primeira manifestação das artes plásticas afro-brasileiras. Uma arte sem dúvida religiosa, funcional e utilitária.

Marianno Carneiro da Cunha analisa algumas peças afro-brasileiras utilizadas nos ritos de candomblé, alguns Oxê Xangô, estatuetas de Ibeji, de Exu e de Yemanjá. Sua análise leva em consideração a forma ou o estilo, a iconografia, a técnica e o conteúdo. Apoiando a ideia de continuidade africana e de readaptação ao novo meio social ilustrado pelo sincretismo, o autor traz as seguintes conclusões: as peças de Oxê Xangó executadas no Brasil foram esculpidas a partir de uma seção cilíndrica de monobloco de madeira; organizadas formalmente, como na África, a partir de um eixo, as esculturas se mantém o mais possível dentro das convenções plásticas nagô-yorubá; a cabeleireira esculpida que caracteriza os modelos africanos foi substituída pelas coroas estilizadas compostas de cauris; todas as peças são sobrepujadas por um duplo machado, símbolo de Xangô, e tem olhos em forma de grão de café saindo das órbitas, como na tradição nagô-yorubá.

Por outro lado, o autor observa nessas peças a assimilação de certos traços estéticos brancos, como o nariz aquilino, a boca mais fina, o formato dos seios e o volume da cabeça. Esta é proporcional ao corpo, contrariamente as convenções africanas (CUNHA, 1983, p.999-1001). A negligência da cabeleira, um elemento cheio de simbolismo na escultura africana, parece devida à perda do seu sentido original. Mas essa perda foi compensada pela substituição que o artista faz da cabeleira por uma coroa. Seria importante anotar que este fato indica a reformulação dos dados africanos no Brasil, ou seja, que a arte religiosa afro-brasileira iria pouco a pouco condensar e variar o conjunto simbólico dos protótipos africanos num símbolo mais determinante da divindade apresentada, ou ainda iria reduzi-lo a um signo às vezes camuflado pelo signo católico (CUNHA, 1983, p. 1004-6, 1009-11). Em outras palavras, o que persiste é o elemento incorporado do conceito, que, no caso dos Ibeji, é a "gemealidade", noção fundamental do pensamento africano que no Brasil se encontra transferida à iconografia dos santos Cosme e Damião (CUNHA, 1983, p.1002).

A análise da estatuária do Exu brasileiro mostra que este teve de assumir novas funções além daquelas assumidas originalmente no panteão nagô-yorubá. Examinando o conteúdo cultural da iconografia de Exu, percebe-se que o aspecto fálico não é em princípio ligado à ideia da fertilidade e da fecundidade — pelo contrário, Exu é o infrator dos tabus e subversor da ordem estabelecida. Ele acumula as funções de Hermes e de Prometeu, como demonstrado por Frobenius, que o qualificou de portador de elementos indispensáveis à realidade (SANTOS, 1975, p.240). Divindade ligada ao mercado, ao comércio, às encruzilhadas, Exu encarna a noção de mudança e de dinamismo ao romper com o quadro rigoroso das normas culturais, ao mesmo tempo em que zela pelo equilíbrio estrutural. Daí a sua originalidade.

No Brasil, Exu assumiu todos esses atributos, além da revolta de uma cultura de resistência contra os valores impostos pela sociedade dominante. Ou seja, Exu reúne em si todos os elementos de uma metáfora expressiva que simboliza a cultura negra em situação hostil. Para sobreviver e afirmar-se, ele se serve de símbolos antagônicos por excelência da religião dominante e veicula uma visão de mundo própria, na qual a ênfase é colocada sobre a contestação.

O *trickster* yorubá é revestido dos atributos do Diabo católico para instilar subrepticiamente os conceitos revitalizantes de sua continuidade e de sua identidade cultural. Essa ideia de contestação da estrutura desigualitária e da salvação é muito forte na pintura e no discurso de Abdias do Nascimento associados à imagem de Exu. Como escreve Bastide, essa tendência de identificar Exu com o demônio nas religiões africanas no Brasil se opera principalmente no plano da magia:

> em primeiro lugar, por causa da escravidão, Exu foi utilizado pelos negros em suas lutas contra os brancos, enquanto patrono da bruxaria. Assim, seu caráter sinistro se acentuou em detrimento do mensageiro. O deus fanfarrão tornou-se um deus cruel, que mata, envenena e enlouquece. Essa crueldade tinha razão de ser: Exu queria se apresentar a seus fiéis negros como um salvador e um amigo indulgente (TRINDADE, 1985, p.83).

Aos novos significados e às novas funções de Exu corresponde uma nova iconografia afro-brasileira reunindo os símbolos das religiões negro-africanas e da religião católica. Uma iconografia que podemos considerar como uma verdadeira síntese e portanto capaz de aplicação do conceito de sincretismo, formal e tematicamente. As funções originais (africanas) acrescentaram-se às novas (afro-brasileiras), como a contestação, a revolta e a libertação da condição de escravizados (MUNANGA, 1989, p.125-6).

Insistimos em dizer que a primeira forma de arte plástica afro-brasileira propriamente dita é uma arte ritual, religiosa. Seu nascimento seria difícil de datar por causa da clandestinidade na qual se desenvolveu. Essa clandestinidade acrescentada ao caráter coletivo dessa arte deixou no anonimato os artistas e artesãos que a produziram. Durante quase três séculos, essa arte, seguindo o passo da sua matriz africana, ficou totalmente ignorada, não apenas do grande público, mas também do mundo erudito historiador, crítico de arte, sociólogo ou antropólogo. Foi graças ao trabalho pioneiro de Nina Rodrigues que os primeiros exemplares da arte afro-brasileira foram publicados em 1904, na revista Kosmos. Em 1949, Arthur Ramos analisa alguns exemplares por ele coletados em 1927 nos candomblés da Bahia. Em 1968, Clarival do Prado Valladares publica dados sobre as peças mais antigas encontradas em Alagoas e que foram apreendidas pela polícia em 1910, peças essas utilizadas nos cultos afro-brasileiros nas últimas décadas do século XIX. Outros estudos foram realizados na segunda metade do século XX, nos chamados museus da polícia, onde foram encontradas peças apreendidas em alguns candomblés do país (Bahia, Alagoas, Rio de Janeiro etc.). Algumas dessas peças retiradas dos acervos das polícias foram conservadas nos Institutos Geográficos e Históricos de Alagoas, da Bahia e do Rio de Janeiro (CUNHA, 1983, p.996).

A partir das décadas de 1930 e 40, a arte afro-brasileira, reduzida ao espaço das casas de culto, começa a sair da clandestinidade. Seus artistas abandonam o anonimato e alguns deles começam a trabalhar dentro do conceito das chamadas artes "popular" e "primitiva", encorajados pelo movimento modernista e pela busca do nacionalismo. Estímulos científicos e culturais, tais como os dois congressos afro-brasileiros organizados respectivamente em Recife (1934) e em Salvador (1937), duas missões folclóricas enviadas ao Norte e Nordeste por Mário de Andrade em 1937-38 para coletar material e outros estudos africanistas, vão contribuir para o reaparecimento de artistas e temas afro-brasileiros nas artes plásticas (CUNHA, 1983, p.1023).

A partir dessa época, a arte afro-brasileira, então conhecida apenas como arte religiosa, ritual, comunitária e utilitária, começa a ampliar seu campo de atuação. Seus artistas, saindo do anonimato, começam a produzir uma arte não-étnica, com projeção na linguagem plástica universal, embora conservando vínculos identitários com suas raízes. Entre eles, há os que se utilizam do tema incidentalmente, os que sistemática e conscientemente orientaram toda sua produção artística à temática afro-brasileira e os que, além da temática, manipulam espontaneamente, e não raro inconscientemente, as soluções plásticas africanas. Todos esses artistas se juntam à categoria original de artistas rituais ou religiosos que desde as décadas de 1930 e 40 deixam de ser anônimos para se tornarem indivíduos conhecidos (CUNHA, 1983, p.1023). Tarsila do Amaral, Lasar Segall, Alberto da Veiga Guignard, Portinari, Djanira, José Pancetti, Santa Rosa e outros são classificados por Marianno Carneiro da Cunha na categoria dos artistas que utilizam incidentemente a temática afro-brasileira, da mesma maneira que o fazem com a indígena, a europeia ou outras que possam polarizar sua criatividade pessoal e alimentar seu universo mitopoético. E Marianno conclui: "classificar a obra desses artistas na sigla afro-brasileira equivaleria a chamar o Picasso das *Demoiselles d'Avignon* de afro-francês ou afro-espanhol" (CUNHA, 1983, p.1023).

No grupo dos artistas que utilizam a temática afro-brasileira sistemática e conscientemente, Cunha classifica Hector Bernabo, Carybé, Mário Cravo Jr., Hansen-Bahia e Di Cavalcanti. Este último fundamenta sua pintura na representação do belo através de um modelo que ocorre ser uma mulata. Qualificar sua obra na categoria afro-brasileira cria dúvida, pois equivaleria a considerar como euro-brasileiras todas as obras de artistas brasileiros, brancos ou negros, em busca da representação do referencial de beleza branca feminina. Tanto os artistas do primeiro grupo como os do segundo nominalmente referidos são por coincidência de origem étnica europeia.

No terceiro grupo dos artistas que utilizam espontaneamente e até inconscientemente as soluções plásticas africanas, Cunha inclui Guma, um branco gaúcho, e Louco, negro de Cachoeira, Bahia. Com efeito, certos detalhes da escultura de Guma exprimem convenções formais africanas de modo muito claro. A geometrização, entre outros elementos, o leva frequentemente a talhar os pés das figuras humanas em troncos de pirâmide ao modo de vários grupos étnicos africanos, sobretudo os bantos (CUNHA, 1983, p. 1025).

> O mesmo processo plástico flui igualmente
> em toda a obra de Louco, à qual se acrescen-
> ta aliás uma iconografia em nada corrente e
> muito próxima das origens africanas. Note-se
> que algumas de suas esculturas seriam refor-

mulação perfeita de máscaras nagô-yorubá, gueledés ou Ekpa (CUNHA, 1983, p. 1025).

Como e onde classificar então a maioria dos artistas afro-brasileiros negros e mestiços? Agnaldo Manuel dos Santos, Rubem Valentim, Ronaldo Rego, Hélio de Oliveira, Deoscórdes Maximiliano dos Santos (Mestre Didi), Abdias do Nascimento, Emanoel Araújo, Sidney Lisardo (Lizar), entre outros, são artistas afro-brasileiros consagrados, mas cujas obras então ainda à espera de seus críticos e avaliadores. Só conhecendo a obra e o perfil da história de vida de cada um destes artistas é que podemos correr o risco de classificá-los. A classificação só seria útil na medida em que pudesse fornecer alguns critérios objetivos capazes de auxiliar na tentativa de conceituação da arte afro-brasileira. À luz dos poucos escritos existentes, podemos tentar caracterizar sumariamente alguns entre eles.

O escultor Agnaldo Manuel dos Santos utilizou-se sistemática e conscientemente da temática negra e suas formas, e outras soluções plásticas lembram claramente a estatuária de muitos estilos da área banto, embora seus ícones e símbolos remetam quase todos ao mundo religioso nagô-yorubá.

A obra do pintor Rubem Valentim é grandemente baseada na temática religiosa nagô-yorubá. No entanto, ela se estrutura em torno do construtivismo. No seu manifesto, ainda que tardio, o artista declara:

> Minha linguagem plástico-visual-signográfica está ligada aos valores míticos profundos de uma cultura afro-brasileira (mestiça-animista-fetichista). Com o peso da Bahia sobre mim — a cultura vivenciada; com o sangue negro nas veias — o atavismo; com os olhos abertos para o que se faz no mundo a contemporaneidade; criando os meus signos-símbolos, procuro transformar em linguagem visual o mundo encantado, mágico, provavelmente místico que flui continuamente dentro de mim (ARAÚJO, 1988, p.294).

Emanoel Araújo define sua escultura como

> uma arquitetura de planos desenvolvidos com ritmos, tensões e cores. Não há aqui nenhuma ligação com o real, e sim com o pensamento plástico e estético de um artista vinculado as suas raízes brasileiras e ao caldeamento que somos todos (DA SILVA, 1997, p. 70).

Por seu lado, Clarival do Prado Valladares, interrogado sobre o artista, disse:

Ele é um artista do universo contemporâneo no mais amplo sentido do humanismo. A África lhe interessa na medida em que possa suprir motivações e atributos universais, do mesmo modo que ele também pesquisa e acolhe a linguagem estética de qualquer outra área não é, pois, um pesquisador de símbolos, mas apenas um artista criador capaz de juntar origens para alcançar o universo (DA SILVA, 1997, p.73).

Filho de Ogum, cuja essência está inserida em suas peças, as raízes africanas na sua arte vêm ampliar os limites do humanismo e do universal.

Ronaldo Rego, falando de sua própria obra, disse: "Eu acho que meu trabalho é sincrético. Ele absorve símbolos das duas religiões, do candomblé, que é uma religião fechada, de princípio meio e fim, e da umbanda, que é brasileira" (CALAÇA, 1999, p. 49). Maria Cecília Felix Calaça, que estudou sua obra, conta que Ronaldo Rego passou uma parte de sua vida, desde a década de 1970, na zona oeste do Rio de Janeiro, onde tinha como vizinhança os terreiros de candomblé e de umbanda. Pela convivência muito próxima com os membros dessas comunidades religiosas, ele começou a inteirar-se de sua cosmovisão, até se tornar adepto de uma delas, a umbanda, da qual é hoje um dos sacerdotes. Desde então, o mundo afro-brasileiro, com sua visão global do cosmos, expressa através do candomblé e da umbanda, tornou-se fonte de inspiração e tema principal de suas obras. Sua linguagem plástica, sem deixar de projetá-lo no universal, resulta de um processo de reelaborarão, numa linguagem individual, dos elementos formais dos cultos afro-descendentes (CALAÇA, 1999, p. 49).

O simbolismo das cores que se articulam em suas esculturas e construções escultóricas remete eloquentemente ao poder de cada grupo de orixás afro-brasileiros. Assim, o preto representa a potência de vida; o branco, o ato da vida surgindo desta potência, e o vermelho, a própria vida em sua plenitude. Entre os elementos formais tem-se a cabaça, algumas formas geométricas, estrela, meia-lua, peixe, pomba, figa, máscara zoomorfa, etc. Embora façam parte dos símbolos universais, esses elementos recebem na obra de Ronaldo Rego uma leitura específica que recoloca o afro-brasileiro dentro do universo; a cabaça, por exemplo, em várias sociedades africanas simboliza o útero em que se elabora a vida (CALAÇA, 1999,

p. 68). Maria Cecília Felix Calaça admite que a obra de Ronaldo Rego, embora não seja utilitária no modelo dos artistas rituais esquecidos no anonimato imposto pela repressão escravista, oferece peças que podem se tornar utilitárias. É o caso de alguns trabalhos executados pelo artista com a intenção de torná-los relicários para conservar os objetos do orixá ou do filho de santo (CALAÇA, 1999, p.92).

Paralelamente ao último artista, que combina a temática da cultura afro-brasileira, em especial a religião, com as soluções plásticas africanas, podemos apontar numa direção original cheia de autenticidade a obra de Descóredes Maximiliano dos Santos (Mestre Didi), uma obra que, pela complexidade e riqueza de vida do próprio artista, está ainda a ser estudada exaustivamente. Parafraseando José Marianno Carneiro da Cunha, na arte de Mestre Didi

> o ícone africano tem resistido a todas as transformações aculturativas no Brasil, e pode comunicar-se ainda com a força do idioma original (...) que extrapola o indivíduo e fala dos valores constantes de uma cultura, falando, nesta medida, também por todos (CUNHA, 1983, p.1026).

Apesar da existência de alguns trabalhos pioneiros de qualidade sobre a chamada arte afro-brasileira, notadamente o de Marianno Carneiro da Cunha — os mais recentes publicados na coletânea *A Mão Afro--Brasileira* — organizada pelo artista plástico Emanoel Araújo —, dos trabalhos de mestrado de Maria Helena Ramos da Silva, de Maria Cecília Felix Calaça e dos que não foram mencionados neste artigo por falta de informação, acho que o estudo da arte afro-brasileira e de seus artistas está apenas começando.

Muitos autores e obras contemporâneos que não foram sequer tocados aqui por falta de competência e de informação mereceriam capítulos dentro de um volume ou mais volumes sobre a história geral da arte afro-brasileira e da arte africana no Brasil. Embora saibamos que qualquer tentativa de definição seria sempre provisória, tendo em vista o caráter dinâmico de qualquer arte, concordamos, contudo, que alguns postulados básicos têm de ser colocados para que esta arte, que constitui um grande capítulo à parte dentro da arte brasileira, possa merecer e conservar seu atributo e qualificativo de "afro". Entre eles podemos mencionar a forma ou o estilo; as cores e seu simbolismo; a temática; a iconografia e as fontes de inspiração, todos harmoniosamente articulados através do domínio de uma técnica capaz de dar corpo e existência a uma obra de arte autêntica. Outros elementos, como a monumentalidade, a repetição, a desproporção entre partes do corpo e a conceituação das ideias, vem se somar para aprofundar a diferença entre a arte africana no singular, a arte ocidental e outras.

Para que uma obra de arte possa ter uma identidade afro-brasileira, penso que não deveria reunir concomitantemente todos os postulados e características acima referidos. Basta que um ou outro entre os mais relevantes (forma e tema) seja integrado com regularidade no conjunto da obra e que lhe confira uma verdadeira autenticidade.

Na medida em que esta arte tornou-se uma das expressões da identidade brasileira, ou seja, uma das vertentes da arte brasileira, qualificá-la simplesmente de arte negra no Brasil seria cair num certo biologismo. Seria excluir dela todos os artistas que, independentemente de sua origem étnica, participam dela por opção político-ideológica, religiosa, ou simplesmente por emoção estética no sentido universal da palavra. É a partir desta noção mais ampla, não biologizada, não etnicizada e não politizada, que se pode operar para identificar a africanidade escondida numa obra.

Sabemos que qualquer artista, pouco importa a sua cultura, domina uma certa técnica e um certo estilo, usa com familiaridade alguns materiais e não

outros, projeta na sua obra uma linguagem simbólica que reflete a identidade de sua sociedade e/ou reflete e critica a estrutura social desta. Essa linguagem
simbólica e a emoção estética provocada por sua obra
podem, às vezes, franquear as fronteiras nacionais e
projetá-lo no universal.

Numa sociedade como a brasileira, na qual não
devemos negar categoricamente o sincretismo cultural, ou, pelo menos, as influências entre culturas,
seria raro encontrar um artista da chamada arte afro-
-brasileira que manipulasse estrita e exclusivamente
os critérios formais, estilísticos e temáticos oriundos
do universo africano, ou que empregasse uma linguagem estética exclusiva de uma África aliás muito
diversa, sem lançar mão de alguns elementos provin-
dos desse universo nacional mais amplo, no qual as
diversas culturas que aqui foram trazidas dialogam e
se influenciara, apesar do contexto histórico colonial
e escravista, caracterizado pela assimetria, no qual se
encontraram.

Concretamente, em algumas obras, e entre alguns
artistas brasileiros, a forma, a técnica e o estilo, isoladamente, podem ser inspirados na tradição artística
africana sem necessariamente integrar a temática,
as fontes de inspiração, a iconografia e o universo
simbólico familiares ao mundo africano tradicional

e contemporâneo. Em outras obras, estas últimas características podem aparecer reinterpretadas e recriadas dentro de estruturas e de estilísticas que nada ou pouco tem a ver com as africanas. Excluir uma ou outra deste módulo, em nome de uma arte afro-brasileira autêntica que não seríamos capazes de delimitar nitidamente, uma obra que, além da origem étnica do artista, integraria no mesmo corpo todas as características acima evocadas, seria ignorar as ambiguidades da sociedade brasileira, sociedade na qual as cercas das identidades vacilam, os deuses se tocam, os sangues se misturam, na qual as identidades étnicas, embora defensáveis, nada tem a ver com as leis da "pureza".

Partindo de uma visão mais ampla, podemos imaginar e representar a arte afro-brasileira como um sistema fluido e aberto, que tem um centro, uma zona mediana ou intermediária e uma periferia. No centro do sistema situamos as origens africanas desta arte, ilustradas por algumas obras cuja origem étnica é conhecida, pois trata-se de uma arte não anônima, como pensaram alguns especialistas ocidentais, mas sim étnica. Encontraríamos aqui as obras e os artistas ditos religiosos ou rituais. Na zona intermediária do sistema, para a qual essa arte imigrou por motivos históricos entre nós conhecidos, situamos o nascimento da arte afro-brasileira, uma arte que, além das características africanas, sempre em processo de criação, recriação e reinterpretação, integrou novos elementos e características devido aos contatos estabelecidos no Novo Mundo com outras culturas, num universo que às vezes ultrapassa as fronteiras nacionais. Aqui, salvo algumas exceções, nem sempre a matriz africana da obra e a origem étnica do artista se confundem.

Na periferia do sistema, situamos obras e artistas que, sem reunir todos os atributos essenciais das artes africanas tradicionais, receberam algumas de suas influências, seja do ponto de vista formal, seja do ponto de vista temático, iconográfico e simbólico, obras cujo imaginário artístico pode, de uma maneira ou de outra, remeter ao mundo africano, embora integrando nitidamente características da arte ocidental, indígena ou outras, que formam o mosaico e o pluralismo da arte brasileira. A periferia configura um terreno mais fluido, confuso, onde as identidades se misturam mais, as linhas das fronteiras se apagam, uma espécie de areia movediça na qual o pesquisador, ou melhor, o curador escorrega facilmente, principalmente na escolha e na classificação das obras e autores a serem colocados nesta parte do sistema.

Nesta concepção bastante dinâmica, não biologizada, não etnicizada e não politizada da arte afro-brasileira, não há como deixar de cometer algumas arbitrariedades no momento da escolha e da classificação sistemática das obras. Não há também como escapar das críticas construtivas ou vazias, e sobretudo das críticas de caráter político-ideológico. É o preço que devemos pagar ao aceitar a responsabilidade da curadoria de um módulo que representa a produção artística de um dos segmentos étnicos mais excluídos da vida nacional brasileira.

Faço essas reflexões não para esconder nossas limitações, que são verdadeiras, mas sim para suscitar críticas construtivas capazes de enriquecer o debate das ideias sobre o conteúdo e a substância da arte afro-brasileira e a importância de sua contribuição na construção da identidade nacional brasileira.

A rememoração dos 500 anos do descobrimento do Brasil ofereceu um momento histórico propício não apenas para as manifestações de natureza simbólica, mas também para reflexões críticas sobre o devir da sociedade brasileira. Se individualmente os politicamente "negros" e historicamente "afro-brasileiros" produziram e produzem obras que engrandecem o Brasil, se coletivamente eles contribuíram na modelação da identidade brasileira, a sua posição coletiva na escala social, na distribuição do produto social, na participação do comando do pais, no sistema educativo e nos demais setores da vida nacional deixam a desejar e deveriam entrar também na pauta desta rememoração.

REFERENCIAS

ARAUJO, Emanoel (org.). *A Mão Afro-Brasileira*. Significado da Contribuição Artística e Histórica. São Paulo: Tenenge, 1988.

AUGRAS, Monique. *O Duplo e a Metamorfose: a Identidade Mítica em comunidade nagô*, Petrópolis: Vozes, 1983.

BASTIDE, Roger. *Les Amériques Noires*. Paris: Payot, 1967.

As Religiões Africanas no Brasil. São Paulo: Livraria Pioneira Editora, 1971, vol.II.

CALAÇA, Maria Cecília Felix. *O Fenômeno da Arte Afrodescendente: um estudo das obras de Ronaldo Rego e Jorge dos Anjos*. Dissertação de Mestrado, Universidade Estadual de São Paulo — UNESP, São Paulo, 1999.

CUNHA, Marianno Carneiro da. *Arte afro-brasileira*. In: ZANINI, Walter (org.). *História Geral da Arte no Brasil*. São Paulo: Instituto Walter Moreira Salles — Fundação Djalma Guimarães, 1983.

DA SILVA, Maria Helena Araújo, Ramos. *A Presença da África na Produção Plástica de Emanoel, Afro- Brasileiro, e Wifredo Lam, Afro-Cubano*, Dissertação de Mestrado, PROLAM /USP, São Paulo, 1997.

MAOUET, Jacques. *Les Civilisations Noires*. Paris: Marabout Université, 1981.

MOURRAL, Isabelle. *Nature et Culture*. Paris: Presses Universitaires de France, 1996.

MUKUNA, Kazadi Wa. *Contribuição Banto na Música Popular Brasileira*. São Paulo: Global Editora, s /d.

MUNANGA, Kabengele. *Art africain et syncrétisme religieux au Brésil*. Dédalo, São Paulo, v. 27, p. 99-128, 1989.

MUNANGA, Kabengele. *A criação artística negro-africana — uma arte situada na fronteira entre a contemplação e a utilidade prática*. In: *África Negra*, catálogo da exposição organizada por Pierre Verger no MASP. São Paulo: Editora Corrupio, 1988. p.7 -9.

MUNANGA, Kabengele; MANZOCHI, Helmy Mansur. *Símbolos, poder e autoridade nas sociedades negro- africanas*. Dédalo, São Paulo, v. 25, p. 23-38 1987.

NEYT, François, VANDERHAEGHE, Catherine. *A arte das cortes da África negra no Brasil*. In: *Mostra do redescobrimento: arte afro-brasileira*. Associação 500 anos Brasil artes visuais. São Paulo: Fundação Bienal de São Paulo, 2000, p. 34-97.

RODRIGUES, Nina. *Os Africanos no Brasil*. 5° edição. São Paulo: Companhia Editoria Nacional, 1977.

SALUM, Marta Heloisa Leuba. *Cem anos de arte afro- brasileira*. In: *Mostra do redescobrimento: arte afro-brasileira*. Associação 500 anos Brasil artes visuais. São Paulo: Fundação Bienal de São Paulo, 2000, p. 112-121.

SANTOS, Juanita Elbein dos. *Os Nagôs e a Morte*. Petrópolis: Vozes, 1975.

THOMPSON, Robert Farris. *The sign of the divine king*. African Arts, Los Angeles, v. 3, n. 3, p. 8-17, 1970.

TRINDADE, Liana Silva. *Exu: Símbolo e Função*. África, São Paulo, n. 4, p. 131¬133, 1981.

VALENTE, Waldemar. *Sincretismo Religioso Afro- Brasileiro*. 3° edição. São Paulo: Editora Nacional, 1977.

VERGER, Pierre. *Syncrétisme. Recherche, Pédagogie et Culture*, Paris, n. 64, octobre, novembre, décembre, 1983.

a Dimensão estética na arte negro-africana tradicional

Por muito tempo, a arte negro-africana ficou excluída da história universal de arte tal como foi ensinada na Europa. Considerada primitiva como os povos que a produziram, pensava-se, de acordo com o esquema evolucionista do século XIX, que esta arte ainda se encontrava na fase infantil representada pela forma figurativa e que podia evoluir até chegar um dia à fase adulta representada por uma arte intelectual geométrica e abstrata, fase em que se encontrava a Europa "civilizada". Esta visão era sem dúvida apoiada nos preconceitos da época, na ignorância da complexidade e sofisticação da arte negro-africana, e também nos ideais da Missão Civilizadora.

Mas um golpe fatal a essa percepção surgiu no seio da própria Europa graças a alguns intelectuais e críticos de arte como Guillaume Apollinaire e Paul Guillaume e aos artistas Matisse, Derain, Vlamink e

Picasso que, seduzidos pelas estatuetas e outros objetos rituais trazidos da África pelos exploradores europeus, decretaram que esses objetos tinham um estatuto artístico. Esse reconhecimento dos "objetos" africanos que veio principalmente dos franceses e alemães ganhou progressivamente toda a Europa. Daí uma admiração geral da arte africana e a necessidade de torná-la um objeto de estudos sistemáticos nos moldes dos estudos feitos sobre a arte ocidental.

As diferentes posições metodológicas tomadas pelos pesquisadores e estudiosos ocidentais da arte africana e as dificuldades de convergir as conclusões de seus trabalhos de pesquisa ou de encontrar alguns denominadores comuns, acabaram contribuindo na controvérsia que persiste até hoje sobre a dimensão estética dessa arte, ora negada por alguns, ora aceita por outros. Minha reflexão, como anunciado no titulo do texto, gira em torno dessa controvérsia criada pelos próprios estudiosos ocidentais que, bem ou mal intencionados, tentam entender a partir do filtro de sua própria cultura e da visão da estética da arte ocidental uma arte que tinha raízes numa visão do mundo diferente da ocidental. Partindo desta consideração introdutória, destacarei em grosso modo três abordagens ou teorias no estudo da arte negro-africana: a teoria etnológica, a teoria etno-estética e a teoria estética.

A TEORIA ETNOLÓGICA

Como na teoria dos sistemas, a abordagem etnológica recomenda que o estudo do objeto de arte africana seja feito a partir da percepção do contexto em que ele aparece. Em outros termos, esta abordagem permite determinar, a partir de uma significação ou de um papel, a função do objeto de arte na organização geral da sociedade à qual ele pertence. Ou seja, um objeto só tem sentido quando integrado num todo com o qual tem relações determinadas.

Assim, para perceber o uso e a função de uma máscara ou de uma estátua, é preciso considerá-la no seio do povo que a produziu e a utiliza. Da mesma maneira que na teoria dos sistemas, a interação entre os diferentes elementos assegura a vida do sistema, as diferentes relações que um objeto mantém com sua sociedade nas diferentes circunstâncias determinam a função social deste objeto; função essa que assegura a ordem e a coesão do grupo. É nesta direção que Marcel Griaule, ao interpretar os símbolos da tradição dos Bambara do Mali, nós oferece o seguinte exemplo:

> A noiva ou nova casada recebe entre os dons
> do casamento um par de sandálias. Na super-
> fície plana interior de cada sandália obser-

va-se figuras geométricas que vão do alto à ponta. Essa superfície é dividida em quatro retângulos. As duas diagonais do primeiro retângulo significam a multiplicação das crianças. É a função reprodutora do casal que está aqui colocada em evidência. Os dois comprimentos que limitam as duas diagonais por cima e por baixo são os parentes. É como para dizer, protejamos nossa progenitura. O segundo retângulo tem a mesma significação do primeiro. O terceiro simboliza a família do marido numa sociedade onde a residência do casal é virilocal. O quarto simboliza a língua do casal. Enfim, o triangulo na ponta da sandália encerra a associação enquanto a linha transversal que vai do salto à ponta assegura a unidade do conjunto como um grupo social. Todas as linhas duplas simbolizam a gemelidade.

Embora esta descrição de Griaule não decifre todos os signos, é verdade que ela permite compreender que, sem o conhecimento da sociedade, essa figuras geométricas teriam sido consideradas apenas como simples motivos decorativos. A interpretação dessas figuras abstratas em função do modo de pensar da sociedade permite perceber o papel social atribuída à mulher: o da reprodução, a importância da família e a unidade do grupo, necessária para sua conservação. (Marcel Griaule, appud Roger Some. *Art africain et Esthétique occidentale*. Paris: L'Harmattan, 1998: 221-227).

Num outro exemplo, William Fagg mostra que, na Nigéria, as estatuetas "Ibeji", representação da gemelidade entre os Ioruba, são esculpidas quando morrem os dois gêmeos. Quando morre só um dos gêmeos, uma estatueta é esculpida. Essas esculturas são percebidas como representações dos gêmeos defuntos e, a esse titulo, os atributos de cada um deles são o melhor possível, respeitados. Uma vez as estátuas esculpidas, as mães dos gêmeos defuntos as tratam como verdadeiros filhos. Elas os alimentam maculando seus lábios com ovo; lavam seus rostos e costuram roupas para eles.Mesmo vista como uma manifestação de amor, esta prática tem como finalidade afastar a família de qualquer efeito maléfico, pois atribui-se aos gêmeos um caráter supra-humano e maléfico. É também em função desse lado nefasto, perigoso, atribuído aos gêmeos que antigamente os Ibo, também uma sociedade da Nigéria, eliminavam fisicamente seus gêmeos ao nascer (William Fagg. "De l'art des Yoruba", In: *Présence Africaine*, 10-11, 1951:120).

Do ponto de vista da etnologia, a arte africana, como todas as artes ditas primitivas, é uma arte que significa; ela não representa. A este respeito, Lévi-Strauss diz que "nas artes primitivas, existe sempre, em razão da tecnologia bastante rudimentar das sociedades em questão — uma disparidade entre os meios técnicos que o artista dispõe e a resistência dos materiais que tem de vencer, o que o impede de fazer da obra de arte um simples fac-símile. Por isso, ele não pode reproduzir integralmente seu modelo e se vê então constrangido a significá-lo. Acrescente que essa dificuldade se deve também ao fato desses povos em universo largamente sobrenatural e por definição irrepresentável". (G.Charbonnier, "Entretiens avec Claude Lévi-Strauss", Ed.Presses Pocket, 1992, p.72, appud Roger Some, op.cit. p.223).

Discordando com Levis-Strauss, Roger Somé sustenta que não é a resistência do material que obriga o artista africano a significar seu modelo e não a representá-lo. A própria essência da arte negro-africana é de significar e não de imitar; é de levar a forma que aparece na matéria a apresentar uma mensagem; ela é uma arte comunicativa. A disparidade da qual fala Levis-Strauss não se deve absolutamente aos meios técnicos. Que a madeira fosse dura ou mole, a função significativa é um atributo da obra que é deliberadamente buscada. As estátuas ancestrais (salvo raras exceções) não devem, apesar da forma humana, assemelhar-se com uma pessoa determinada. Devem ser como pessoas, mas não como pessoas determinadas. A arte africana tradicional não é uma arte de imitação. É uma arte de presentificação, embora tenhamos poucos casos de representação (por exemplo as cabeças comemorativas na arte de Ifé, Benim e arte real Kuba da República Democrática do Congo). Sendo uma arte de presentificação ou de significação, ela é de fato uma linguagem e uma combinação de signos que recriam uma realidade. É por isso que o artista, não tendo acesso ao modelo, que supõe a presença do objeto na frente dele ou um objeto já conhecido por ele e que vai ser reproduzido, o recria. As esculturas africanas são manifestações diversas e precisam de grandes princípios e de ideias gerais, contrariamente à arte grega que se baseava sobre o indivíduo para tentar sugerir um tipo real e chegava a individualizar o que é geral. (Roger Some, op.cit. pp. 232-233).

Se a maioria dos estudiosos nesta perspectiva etnológica colocou o acento sobre o aspecto utilitário da arte negro-africana, foram os laços entre essa arte e a religião que mobilizaram a maior atenção. "Escultores ou dançarinos, pintor ou cantor, o artista africano trabalha para uma finalidade primeiramente ritual.

Sua arte é ligada às suas crenças, à sua religião e é dela que ele tira toda sua força expressiva". (*Ethnologie Générale*, Vol.XXIV, Ed.Gallimard, 1968, pp.990-991) Nesta ordem de ideias, Marcel Griaule pensava que a religião dos Dogon constituía a mola propulsora de sua arte e recomendava que o essencial das artes africanas fosse estudado sob o prisma religioso.

Certo, é verdade que a expressão "arte por arte" é vazia de sentido nas sociedades tradicionais da África negra. Toda produção artística era antes funcional, isto é, chamada a desempenhar um papel utilitário, exceto a aspiração do artista. Um estatueta que para um europeu satisfaria o gosto por suas formas harmoniosas, um pingente que lhe serviria para sublinhar uma parte do corpo, tudo isso era destinado a cumprir uma certa função; por exemplo, proteger o indivíduo contra as forças ocultas, lhe conciliar os favores de um espírito protetor, etc.

Sem dúvida, a arte negro-africana, como todas as artes, não é construída no vazio, pois mergulha sempre suas raízes na vida profunda de suas sociedades. Através de sua arte, um povo projeta toda sua concepção global da existência. Tentar enxergá-la apenas através do mecanismo religioso, querer afirmar que o aspecto religioso é a todo o momento presente e predominante me parece exagerado. (Kabengele Munanga, "A criação artística negro-africana — Uma arte situada na fronteira entre a contemplação e a utilidade prática". In: Arlete Soares (ed.) *África Negra*, Salvador: Editora Corrupio, 1988, p.7)

No extremo limite da abordagem etnológica, encontram-se estudiosos que chegaram até a afirmar que a arte africana só existe no espírito do observador ocidental, negando a existência da noção do belo entre os africanos. "Para os africanos não existe o belo em si; não existem formas tirando seu valor de si mesmas" (J.C.Pauvert. In: *Etnologie Générale*, 1968, p. 9920).

A TEORIA ETNO-ESTÉTICA

A abordagem etnológica busca a saber o que são os objetos de arte africana e o que eles nos dizem. Ou seja, a determinar o que esses objetos representam, os símbolos que contêm e os mitos que evocam. Uma tal abordagem coloca um sério problema epistemológico. Seria possível captar o significado independentemente das formas e, vice-versa, seria possível analisar a forma sem consideração do conteúdo? Foi a partir deste questionamento epistemológico que alguns estudiosos adotaram uma abordagem que consiste em confrontação dialética entre a "observação" dos objetos em seu contexto cultural e a análise conceitual (Louis Parrois. "Le regard du blanc, de l'art nègre aux arts africains. Classification Et Méthodes". In: *Les cahiers du Musée National d'Art Moderne*, n°28, Eté 1989, pp.44 Apud Roger Somé, Op.cit. p. 236). Essa confrontação, que consiste em fazer o uso dos dados objetivos e mensuráveis e a estudar os objetos em seu meio, corresponde ao que alguns chamam de mestiçagem cultural ou união. Esta abordagem remete ao que foi desde então chamado Antropologia da arte, cujo objetivo era resolver a velha oposição entre os defensores do funcionalismo e os defensores do formalismo. De fato, pela adoção de uma *démarche* contraditória, consistindo em examinar o objeto não apenas segundo os dados culturais do observador, mas também segundo os dados da sociedade estudada, realiza-se incontestavelmente a conciliação entre os que privilegiam o estudo da forma e os que, pelo contrário, tomam o partido do conteúdo. Esta conciliação é, além do mais, a prova de que qualquer estudo da arte das civilizações não-ocidentais que se fundamente unicamente sobre o funcionalismo ou o formalismo seria inadequado.

Como escreveu Jean Laude, "a forma não é captada separadamente pelo africano: ela é depositária de um sentimento ao qual dê acesso [...]. Não existe por um lado, um elemento de significação que pode ser produzido separadamente e, por outro lado, uma forma que concretiza a priori essa significação. Há uma síntese do sentido e da forma de tal modo que nem o sentido nem a forma possam ser compreendidas isoladamente" (Roger Some, Op.cit. p. 229). No entanto, os defensores da teoria etno-estética da arte africana não deixaram definida a natureza dessa estética. Qual seria então seu conteúdo? O fato estético designaria a sensibilidade que uma sociedade tem sobre a noção do belo? Se for o caso, como se manifestaria então essa sensibilidade? O fato estético expressaria a existência de um pensamento estético na sociedades de tradição oral? Enfim, o fato estético designaria a apreciação que uma sociedade faz sobre sua produção artística? Se for o caso, quais são as condições de aplicação da crítica artística? Mas, antes mesmo de discutir a questão da crítica artística, dever-se-ia colocar a questão de saber se o que é considerado como produção artística nas sociedades ocidentais é a mesma coisa que nas sociedades africanas concernentes.

A TEORIA ESTÉTICA

Alguns estudiosos estimam que existe na arte tradicional da África negra, obras que correspondem à arte liberal ou ainda à teoria da "arte por arte". É o ponto de vista de Carl Einstein no seu livro *Escultura negra* (1922). Para ele, a significação de uma obra não é importante para sua apreciação. A única coisa que conta é a forma como ela nós afeta. A existência de uma arte africana à qual a teoria de "arte por arte" poderia ser aplicada foi também defendida por Frank Willet e Raoul Lehuard. Outros autores, como Harris Menel-Fosté, Michel Leiris, Senghor, Fernandes, Thompson, etc. não hesitaram a afirmar a percepção estética da beleza na cultura negro-africana.

O que é comum entre todos os defensores desta abordagem é o fato que eles buscam a demonstrar que existe uma estética entre os povos da África negra. Essa estética seria perceptível seja através de um vocabulário correspondente a certas noções fundamentais da estética clássica, por exemplo a beleza, ou um vocabulário apropriado à apreciação dos objetos produzidos, seja através da expressão de um sentimento que se diz estético.

Desde a descoberta da arte africana, seus estudos eram feitos essencialmente pelos etnólogos. Para eles, a tradição oral constituiu a principal fonte de informação. Isto significa que o etnólogo que estuda o objeto de arte "negra" tem evidentemente a necessidade de interrogar a população ou as populações concernentes. O conjunto dos elementos que determinam a *démarche* do etnólogo depende da tese funcionalista, segundo a qual é impossível observar os produtos da arte negro-africana sem considerar o conjunto das relações que esses produtos mantêm com o meio. Essa tendência supõe a evidência da rejeição quase total da concepção de uma arte contemplativa entre os povos negros da África. Essa tese funcionalista se opõe à corrente formalista segundo a qual os povos negro-africanos produziram obras de arte destinadas à pura contemplação estética.

Assim, Frank Willet evoca a arte decorativa entre os Bawoyo do Congo e a gravura utilizada na produção de certos utensílios entre os Ioruba. Essa arte decorativa que ele considera como "arte por arte" seria de fato uma arte profana. Michel Leiris constata que os Fula do Níger têm um gosto agudo da beleza das formas, mesmo que esse povo não produza nada que possa ser rotulado "objetos de arte", e advoga aliás um sentimento estético dos negros africanos. Para Raoul Lehuard, não é a "arte por arte" que é ausente entre os povos ditos primitivos; o fundo da questão estaria de um lado no etnocentrismo ocidental e de outro lado numa questão de terminologia. Raoul mostra que existe uma estética negro-africana que seria baseada na existência em línguas africanas de certas noções tais como o belo, o bem, o bom, o brilhante, o refinado, etc. (Michel Leiris. "Le sentiment esthétique des noirs africains", In: *Fonction et signification de l'art nègre dans la vie des peuples et pour le peuple*. Actes du colloque du 1° festival das arts nègres. Présence Africaine, Paris, 1967, pp.331-346.).

No fundo, os defensores da teoria estética baseiam seus argumentos na possibilidade de uma apreciação do objeto artístico "negro" do ponto de vista de sua forma, abstração feita de sua função. Pouco importa que o objeto fosse feito para um determinado culto. Para a teoria estética, o objeto deve ser olhado por si mesmo, sendo o essencial apenas o aperfeiçoamento de sua forma. Exemplos tirados de diversas sociedades africanas mostram que é possível encontrar nelas noções em línguas nativas relacionadas à estéticas ou consideradas como tais e a partir das quais se pode estabelecer a existência de um sentimento estético entre os povos negros.

O filósofo Roger Somé, de Burkina Faso, no seu livro *Art Africain Et Esthétique Occidentale — La Statuaire Lobi et Dagara au Burkina Faso*, questiona a possibilidade real de estabelecer a estética negro-africana a partir desses exemplos (Paris: L'Harmattan, 1998, p.249). Ele pergunta se a existência da noção de belo numa sociedade, assim como a sensibilidade desta à beleza, seriam suficientes para que haja estética. Segundo ele, o problema da estética negro-africana não se coloca em termos de capacidade ou da incapacidade dos africanos fazerem coisas "belas". A verdadeira questão é saber a que condições os objetos produzidos pelos africanos, que pertencem a um contexto cultural não-ocidental, podem ser objeto de um discurso que respeita as regras de uma disciplina ocidental. Quais são os limites dessa estética clássica ocidental e por que todas suas categorias não são aplicáveis à arte africana? Tais seriam, segundo Somé, os termos conveniáveis a partir dos quais dever-se-ia colocar a questão de uma estética negra. Se for verdade que a arte africana se impôs como tal no Ocidente conforme o conteúdo que os europeus lhe atribuem, sem por isso esquecer a sua especificidade, ela deveria se integrar ao discurso estético apesar de sua diferença. Se essa integração parece difícil, é prova de que existe um problema a ser identificado e resolvido.

Numa análise mais global, Franz Boas escreve: "De uma maneira ou de outra, o prazer estético é ressentido por todos os membros da humanidade. Por mais diverso que seja o ideal da beleza, o caráter geral do prazer que a beleza dá é da mesma ordem por toda parte; a melodia rudimentar dos siberianos, a dança dos negros africanos, a pantomima dos índios da Califórnia, as pedras esculpidas dos melanésios, os comovem de uma maneira que não é diferente daquela que sentimos quando escutamos um canto, quando assistimos a uma dança artística ou quando admiramos uma decoração, uma pintura, uma escultura. A própria existência do canto, da dança, da pintura e da escultura entre todas as tribos conhecidas é prova da grande necessidade de produzir coisas que são sentidas como satisfatórias por suas forma e pela capacidade do homem em aprecia-las". (Franz Boas. *Primitive art*. Oslo, Aschelong, 1927, p.9 apud Roger Somé, Op.cit.p.250).

No trecho acima citado, Boas afirma que a sensibilidade ao belo é universal. Para ele, o prazer estético existe por toda parte. Na sua afirmação, há um argumento que estabelece a complexidade da questão estética entre os povos não ocidentais. Essa complexidade que ele examina se deve à possibilidade de uma expressão do sentimento que, aliás, poderia ser percebido em sua pureza e que ele apresenta como uma prova da existência de uma estética. Assim, a possibilidade para um indivíduo de manifestar um sentimento imediato existe entre os povos não-europeus.

Mas a questão que se coloca, insiste o filósofo Roger Some, é saber se em função desse sentimento, esses povos dispõem de um discurso constituído sobre a forma das coisas que eles produzem. Existe no texto de Boas uma resposta à esta questão, mas Some a considera inadequada. Boas afirma que a própria existência das diferentes artes em todas as sociedades conhecidas prova a necessidade de uma produção das coisas sentidas como satisfatórias do ponto de vista de sua forma, assim como a capacidade do Homem em aprecia-las. É justamente aqui, replica Some, que Boas não percebeu a complexidade da questão estética entre populações não-europeias. Basta produzir arte e ter gosto para que apareça a estética? Pergunta ele. Ele lembra que, desde o século V antes de Cristo, a Grécia dispunha de obras de arte admiráveis, no entanto não teve uma estética naquele momento. A existência da arte numa sociedade seria a prova da existência de uma estética nessa mesma sociedade? (Roger Some, Op.cit.p.251).

Apesar de sua pretensão a generalidade, a proposta de Boas se inscreve na tradição da abordagem estética da arte negro-africana. Essa tradição, como enfatizamos, consiste em afirmar a sensibilidade dos povos negros à beleza assim como a existência das noções ligadas à estética. Na medida em que os estudos sobre a arte negro-africanas se desenvolveram, essa abordagem tem evoluído. Embora procurassem estabelecer uma estética que seria específica à África, alguns estudiosos se dedicaram às pesquisas sobre sociedades bem determinadas, cujo resultado foi a elaboração de monografias em matéria estética negro-africana, como por exemplo a estética fang, Ioruba, ou baulê. Examinamos alguns exemplos dessas monografias:

Desde 1971, Robert Farris Thompson, afirma que a arte das sociedades africanas não serve unicamente à religião. A partir desta constatação, ele vai desenvolver suas pesquisas entre os Ioruba para determinar uma classificação dos critérios de apreciação estética. Ele chega à conclusão de que existe um vocabulário específico sobre a crítica de arte entre os Ioruba e formula teoricamente os critérios que os Ioruba utilizam para julgar suas produções artísticas. Ele mostra que a crítica de arte Ioruba dispõe de cerca de uma vintena de critérios de apreciação, entre os quais "jijora", termo que Thompson traduz por "mimese". Nota-se também as palavras como visibilidade, luminosidade, proporção emotiva, ou ainda "efebismo" (R.F.Thompson. "Aesthetics in traditional Africa". In: *Art and aesthetics primitive society*, edited by Carol F. Jopling, New York, 1971, p. 375 — Apud Roger Some, Op. cit. p. 252). O mesmo tipo de estudo foi feito por Lucien Stéphan e tantos outros. O estudo de Thompson afirma a existência de um vocabulário específico à crítica de arte entre os Ioruba e tem o mérito de ter formulado teoricamente os critérios que utilizam os Ioruba para julgar suas produções artísticas. Mas não podemos deixar de observar que se existe uma estética Ioruba, esta se encontra na reflexão do próprio Thompson. Por isso essa estética dita Ioruba é mais ocidental que Ioruba, pois a estética não consiste somente na existência de termos permitindo de apreciar uma obra. Além disso, se coloca a questão de saber se o julgamento estético se produz sempre pelo fato de existir noções a esse respeito. O próprio Thompson reconhece que entre seus informantes, os que possuem estátuas se recusam de apreciá-las. O que prova que toda pessoa não pode fazer um julgamento sobre qualquer objeto, atitude que é inconciliável com o julgamento estético no sentido rigoroso do termo, que supõe uma liberdade total na possibilidade de apreciação de um objeto.

Um fator muito importante a ser considerado neste debate sobre a existência ou não da estética na arte negro-africana 'é o que Benjamin chama "o valor estético de exposição" das obras. Valor esse que não pode ser deixado de lado, nem nas considerações estéticas ocidentais, nem na análise das artes negro-africanas. Essa questão da exposição levanta um problema muito importante (Ver Walter Benjamin. "L'oeuvre d'art à l'ère de sa reproductibilité technique". In": *Essai II*, Denoel, Paris, 1983. — "Le concept de critique esthétique dans le romantisme allemand", Flammarion, Paris, 1986). Trata-se do acesso às obras que no contexto africano fica reservado para as únicas pessoas especializadas e iniciadas. A exposição das obras oferece a possibilidade de apreciar, criticar e reunir os critérios a partir dos quais se busca a crítica. Não teria crítica se não tivesse a possibilidade de ver, olhar e observar as obras que os museus nos oferecem. Sendo que na África tradicional as obras são na maioria dos casos guardadas em segredo, pode se perguntar em que medida seria possível falar da estética. E quando R.F. Thompson fala da "crítica de arte Ioruba", há de se perguntar se esta crítica é realmente formulada pela maioria dos Ioruba sobre sua arte ou é uma crítica feita por alguns iniciados. Para podermos falar da estética africana no sentido de que são os africanos que fazem apreciações e julgamentos sobre as obras que produzem, é preciso que essas obras possam ser vistas e olhadas, não somente por pessoas privilegiadas, como os escultores e os iniciados, mas também e sobretudo pelo africano da rua, o profano. Ora, sabemos que não é o caso, pelo menos por enquanto. As obras africanas tradicionais não são objeto de exposição e quando por efeito de mimetismo (alias salutar), elas acedem à categoria de objetos museográficos, elas são instalada em salas muitas vezes pouco apropriadas, onde não são mais objetos de culto, mas nem por isso gozam plenamente do estatuto de obras de arte, pois a exceção de alguns visitantes, em sua maioria europeus, elas não têm o privilégio de receber o público africano. A pesquisa de Suzan Vogel mostra também que os chefes, velhos, adivinhos e escultores são os únicos críticos de arte. Thompson afirma que entre os Ioruba qualquer pessoa pode ser crítico de arte. No entanto, entre seus informantes, contam-se com 16 chefes de aldeias, 9 chefes de culto e 15 artistas. Além disso, os proprietários de objetos se recusam a apresentá-los e a criticá-los (Roger Some, op. cit. P. 253).

Fica difícil manter uma crítica objetiva e representativa se ela é somente feita por pessoas privilegiadas, acrescentando a isto o fato de que ente as pessoas que possuem "objetos", muitas se recusam a apreciá-los. Como disse Ottenberg, retomando a observação de um pesquisador Ioruba: "Consagrada e colocada no altar, a escultura Ioruba não pode mais ser criticada". Entre os Dagara de Burkina Fasso, as estátuas de adivinhação não podem ser objeto de julgamento estético nem antes nem depois da instalação no altar. Elas são esculpidas longe dos espaços habitados, no mato, onde o escultor se dissimula numa moita a fim de evitar que as pessoas possam ver as estátuas que ele está esculpindo. Uma vez o trabalho terminado, ele deve transportá-las embrulhadas até a casa onde serão depositadas numa sala reservada. Antes de sua instalação no altar, elas devem permanecer num segredo total, pois se alguém percebê-las e pronunciar seu nome, elas serão, como dizem, estragadas e consequentemente inaptas para ser objetos de culto, pois são como maculadas. Elas deveriam permanecer "puras" para ser investidas pelos espíritos na ocasião de uma cerimônia, consistindo no sacrifício de uma galinha preta e de uma pintada cujo sangue as banhará. Por essa cerimônia, elas são consagradas e instaladas no altar. É somente depois desta última fase que elas podem ser vistas, mas unicamente por pessoas iniciadas, exceto em algumas ocasiões bem específicas, como por exemplo, durante os funerais das pessoas velhas, durante os quais são apresentadas ao grande público. E, nesse caso, elas podem ser vistas por qualquer pessoa porque, além de sua função divinatória, elas desempenham um papel de controle social durante este tipo de evento.

Em tais circunstâncias, se uma crítica ou apreciação estética existir, ela só pode ser por pessoas iniciadas e/ou por escultores que, de toda maneira, limitarão suas apreciações pela lei do segredo. Ou seja, a apreciação estética, se existir, fica muito limitada mesmo no seio dos iniciados, porque não pertence aos homens de decidir da forma da obra, mas sim a uma potência sobrenatural que é definida graças ao adivinho, personagem apta a decifrar a linguagem divina, a determinar não somente a forma que deve tomar a estátua, mas também a matéria e bem outras coisas ainda. (Roger Some, op. cit. pp. 259-262).

Como definir a "estética africana" a partir da definição da estética clássica ocidental? A estética é uma disciplina filosófica cuja primeira formulação teórica foi feita por Alexander Baumgarten, no fim da primeira metade do século XVIII (Ver Alexander G. Baumgarten. *Esthétique précédée des méditations philosophiques sur quelques sujets se rapportant à l'essence du poème et de la métaphysique.* L'Herne, Paris, 1988. — ver também Hegel G.W.F. *Esthétique*, 4 Vol., traduit de l'allemand par S. Jankélévitch, Flammarion, Paris, 1979.). Para Baumgarten, a estética é mais ou menos uma teoria do conhecimento a partir da apreensão do sensível. Para Hegel, a estética não é nada mais que um discurso conceitual sobre a arte, um desdobramento do pensamento que tem por domínio de aplicação a arte enquanto esta se torna incapaz de satisfazer a necessidade de representar o ser divino. Em outras palavras, a arte, não sendo mais capaz de representar deus sob forma de imagens como verdade existente, não tendo mais por função a representação sensível do divino, a verdade só se manifesta então sob a forma do conceito, isto é, pelo pensamento que faz o uso do conceito como categoria da compreensão. Pelo próprio fato de deixar de satisfazer a necessidade elevada do espírito, que é a representação do divino, a arte adquire sua autonomia e sua liberdade e consequentemente se torna um objeto de "prazer" ou de "desprazer". A arte se torna então uma atividade livre e desinteressada. Ou, como disse Heidegger, a obra de arte deve aparecer independentemente de qualquer interesse. Ela não deve ser submetida a nenhuma necessidade do sujeito, a nenhuma necessidade pragmática.

Como se pode perceber, fica difícil conciliar a arte negro-africana com essa concepção da estética ocidental. Antes de Kant, Baumgarten tem concebido a beleza como sendo a manifestação do sensível, a aparição fenomenal do aperfeiçoamento de um objeto. Uma tal definição da beleza coloca de imediato o problema da relação da arte negro-africana com as teorias estéticas ocidentais. Seria possível aplicar à arte negro-africana essa definição da estética fundamentada na noção de aperfeiçoamento? Na medida em que a beleza é definida através do aperfeiçoamento, como adequação do parecer e da essência da coisa, parece-nos difícil de perceber este tipo de beleza nas produções da arte negro-africana (Roger Some, op. cit. 274-280).

Com efeito, salvo as estátuas comemorativas (efígies dos reis) ou placas comemorativas das cenas de guerras, no exemplo da arte das cortes e das estatuetas de ancestrais, que são verdadeiras "representações", trata-se na maioria dos casos de objetos de "presentificação", em que a forma é somente imaginada ou ditada pelo divino. Em consequência, a adequação, que pode ser pelo menos aproximada no primeiro caso (cabeças comemorativas), é desconsiderável no segundo. A partir desta definição da beleza como aparição fenomenal do aperfeiçoamento de um objeto, a ideia de uma estética negro-africana se encontra num impasse. A noção de adequação perfeita constitui um obstáculo para a integração da arte negro-africana no discurso estético ocidental.

Além deste obstáculo, alguns dados da mesma estética não autorizam a integração da arte negro--africana neste domínio. É o caso já referido anteriormente sobre o que Benjamin chamou "o valor de exposição" das obras. Este valor de exposição como princípio estético cujo objetivo é a apresentação das obras — o que torna possível a observação das mesmas pelo observador (pois expõe-se obras para que possam ser vistas); o valor da exposição tem seu fundamento na filosofia kantiana que coloca a estética sob o ângulo da subjetividade. Com Kant, a sensibilidade como domínio da expressão estética deixa de ser um modo de conhecimento para se tornar a enunciação de um sentimento que um sujeito pode formular na presença de uma obra de arte. Para Kant, a atitude estética consiste para o sujeito em poder enunciar um julgamento desinteressado sobre a obra. Isto significa que se deve considerar no momento do julgamento apenas a beleza do objeto. É por isso que o "gosto" é a faculdade de julgar um objeto ou um modo de representação sem nenhum interesse, por uma satisfação ou insatisfação. Chama-se "belo" o objeto de uma tal satisfação. Para poder julgar é indispensável que o objeto possa afetar nossa sensibilidade (daí a apelação julgamento de gosto). Sem essa afetação é impossível julgar, pois só pode se pronunciar sobre o que afeta nossa sensibilidade.

A grande maioria das obras, exceto as guardadas hoje nos museus, principalmente no Ocidente, é coberta do segredo e em consequência se encontra na impossibilidade de afetar um indivíduo. No entanto não devemos negar que existem também na África tradicional obras de arte que não são escondidas no fundo das salas escuras. Esses objetos são perceptíveis a qualquer pessoa. Porém, poder-se-ia pensar que o fato dessas obras serem acessíveis a qualquer indivíduo constituí uma ocasião para os sujeitos poderem enunciar um julgamento. Isso é exato. Mas não podemos esquecer que esses objetos são vistos por acidente. Em outras palavras, a exposição nesse caso não é voluntária. Ela responde a uma necessidade e não a uma escolha. Se um altar é instalado num espaço público, por exemplo num mercado ou na entrada de uma aldeia, é porque esses objetos manifestam a presença da divindade destinada à proteção tanto das pessoas como dos bens que se encontram no espaço concernente. Embora expostos, esses produtos de arte negra não são instalados para serem observados ou contemplados. Não são feitos para serem vistos. Neste sentido, o fato de serem vistos não responde ainda à lógica da exposição, pois não são sempre objetos franqueados da constrangedora tutela religiosa; constrangimento que lhe impõe a regra do segredo. Embora visíveis a todos, daí a sua capacidade de afetar um sujeito, eles permanecem coberto por um profundo segredo que nem sempre é fácil penetrar. Essa persistência do segredo não percebido, ou seja, essa vista impossível não-visível, é o que ateste que esses objetos não são destinados à exposição. Assim, a ausência da liberdade para os produtos da arte negro-africana constituí um segundo obstáculo à entrada dessa arte no horizonte da estética ocidental. Essa ausência é, por cúmulo, reforçada pela submissão do objeto a um uso que lhe confere uma função social. É por isso que as exposições de arte africana tradicional no contexto ocidental são geralmente acompanhadas de notícias explicativas e de comentários consignados num catálogo, afim de expor a função religiosa ou outra de cada peça na sociedade à qual pertence.

Se a estética é principalmente um discurso sobre a arte, a existência desta última não depende absolutamente da existência da estética. Já houve grandes civilizações que desenvolveram artes sem por isso constituir uma estética. Sem negar totalmente a possibilidade de uma arte africana independente da religião, observamos portanto que o peso da religião impede a enunciação de julgamentos estéticos e torna impossível a existência de uma estética africana. Como admitir uma tal estética sabendo que a possibilidade não é dada para qualquer pessoa de gozar livremente dos objetos? Como conceber uma estética quando os elementos sensatos para fazer o objeto desse discurso não devem ser mostrados?

Mas, além da arte tradicional, existe uma outra arte negro-africana que deixamos completamente de lado na nossa análise. É a arte pejorativamente chamada "arte do aeroporto". Essa arte do aeroporto é o resultado de uma produção nascida da imitação dos modelos tradicionais. Ela deve seu desenvolvimento ao turismo e ao valor do mercado de arte. Da existência desta arte nasceram no contexto artístico africano contemporâneo as noções de "falso" e de "verdadeiro", por sua vez relacionadas com a noção de "autenticidade". Mas o que designam esses termos? O falso designa uma peça cujo autor é exterior ao meio social de origem do objeto ou designa simplesmente a copia de uma peça tradicional? Depois em que medida o que é chamado falso pode ser uma verdadeira obra de arte? De qualquer modo, a oposição entre obras "autênticas" e "copias" é uma velha questão inesgotável.

Em definitiva, o sentido que os amadores da arte negro-africana dão às noções de "falso" e de "verdadeiro" é tributária da oposição arte tradicional/arte do aeroporto. Para nós, essa arte de aeroporto que não interesse aos colecionadores e amadores ocidentais — porque esses produtos seriam falsos — corresponde ao que chamaríamos de arte contemporânea negro-africana, na qual não entra apenas a escultura, mas também a pintura, que seja a pintura sobre tela produzida pelos africanos formados na escola ocidental ou a pintura a areia sobre madeira feita pelos artesões autóctones. Além disso, têm-se tecidos e objetos da vida cotidiana. A interpretação dos motivos decorativos de alguns poderiam oferecer um estudo semiótico sem dúvida apaixonante, como vimos através do exemplo da sandália bambara descrita por Marcel Griaule. Esta arte contemporânea, que é uma arte liberta da religião, é aquela que inaugura a entrada da África na idade da estética. Se a arte não é mais submetida à religião, ela será acessível a todos e em consequência será possível de julgá-la esteticamente. Mas essa libertação da arte será acompanhada de sua submissão ao conceito, pois o nascimento da estética no Ocidente conheceu o mesmo movimento.

Sem dúvida, para projetar o que seremos amanhã, precisamos saber o que somos hoje. E, para saber o que somos hoje, precisamos ter uma ideia sobre o que fomos ontem. Mas nem por isso devemos ficar perpetualmente presos às formas de arte tradicionais que hoje pertence ao patrimônio cultural da humanidade. A arte deve ser sempre a arte de sua época, isto é, ao serviço das necessidades da sociedade que a engendrou. Será então a partir da relação das necessidades mais urgentes do povo africano no estado atual que a sua arte trilhará novos caminhos e novas orientações sem desvincular-se dos movimentos artísticos internacionais e sem abrir mão de sua identidade.

Pan-africanismo, Negritude e Teatro experimental do Negro

Pan-africanismo, Negritude e Teatro Experimental do Negro são três movimentos diaspórico-africanos que nasceram em épocas e contextos históricos diferentes, porém têm algumas convergências em termos político-ideológicos e linhas de ação que se pretende demonstrar no exercício da presente comunicação. No entanto, um breve histórico de cada um se faz necessário antes de especular sobre suas linhas de divergência e convergência. Cronologicamente começarei minha divagação pelo mais antigo, ou seja, o pan-africanismo, e terminarei pelo mais recente, o Teatro Experimental do Negro.

O pan-africanismo nasceu no início do século XX entre os negros de língua inglesa, particularmente dos Estados Unidos e das Antilhas Britânicas. A primeira conferência pan-africana foi organizada em Londres em 1900 por um advogado de Trinidad, Henry

S. Williams. Depois da primeira Guerra Mundial, ela se amplificou sob a iniciativa de Georges Padmore e W. E. B. Dubois. Em sua ótica, a luta de um povo para sua independência nacional reforçava a luta dos outros e vice-versa e era reforçada pela luta desses outros. Ou seja, o regime colonial deveria ser combatido em conjunto e não isoladamente. A negritude, posição intelectual, e o pan-africanismo, posição política, convergiam ao afirmar respectivamente que todos os africanos tinham uma civilização comum e que todos os africanos deviam lutar juntos. Nesse sentido, o movimento da negritude e o movimento do pan-africanismo pertencem à africanidade no plano da ação (Maquet, 1967, p. 7-15).

A questão que se colocava na literatura americana antes do movimento pan-africanista era saber se os negros dos Estados Unidos tinham preservado alguma coisa da herança africana. Mais grave do que isso, colocaram em dúvida a identidade cultural das minorias negras americanas ao fazer delas coletividades sem passado ou envergonhadas de suas origens africanas. Comparados aos outros grupos étnicos que compõem a população americana, os negros apareciam desprovidos de um patrimônio cultural próprio, porque seus antepassados trazidos da África chegaram "nus", sem poder carregar nada com eles, até porque eram "oriundos de um continente povoado de tribos selvagens e sanguinárias". Embora os especialistas considerassem com reserva e nuanças essa visão simples, o conjunto dos americanos brancos a considerava evidente. Aceitavam que seus compatriotas negros, pelo fato de não possuírem nenhuma bagagem cultural legada por seus ancestrais, não tinham consequentemente um passado criador de valores. Os escravizados eram evidentemente descendentes de inúmeras gerações africanas, mas como no mundo animal essas gerações só transmitiram o único bem preciso: a vida. O "resto", isto é, as técnicas de produção dos bens, as organizações sociais como a família, as crenças religiosas e mágicas, etc. era pobre, rudimentar, viciado e sem progresso. Essas "hordas e tribos" viviam fora do circuito da história que produziu pouco a pouco as brilhantes civilizações cujas aquisições foram se enriquecendo na medida em que passava o tempo. Os negros americanos não tinham o passado africano e o que eles transmitiam para seus filhos era: a língua inglesa, a religião cristã, a polidez que convém aos domésticos das grandes fazendas do Sul, tudo isso foi aprendido dos brancos (Herskovits, 1962, p. 58-78).

Após séculos de imitação cega, alguns escritores negros tomaram consciências de que, de todos os grupos étnicos povoando os Estados Unidos — anglo-saxões, italianos, alemães, poloneses, judeus, etc. eles são os únicos a sofrer uma lavagem cerebral. Levando-os até a acreditar que são naturalmente inferiores e não têm história. Mas essa visão alienante foi interrompida pelo Movimento Pan-Africanista cujos escritores preocupavam-se em estabelecer a verdade e exorcizar entre seus irmãos de raça os sentimentos de profunda rejeição inculcados durante séculos. Limitemo-nos apenas aos dois mais conhecidos: O Dr. Du Bois e Langston Hughes, respectivamente considerados como pai da negritude e representante do movimento conhecido como de Renascimento Negro.

W E. D. Du Bois (nascido em 1863) fez seus estudos nas Universidades de Fuk, Harvard e Berlin, onde se doutorou em Filosofia. Seus trabalhos como historiadores revelaram aos companheiros negros um passado africano do qual eles não devem se envergonhar:

> **Sou negro e me glorifico deste nome; sou orgulhoso do sangue negro que corre em minhas veias.** Declarou ele, sem hesitação (Du Bois, 1977, p. 14 apud MUNANGA, 2009, p. 46). Em 1900, foi secretário do Primeiro Congresso Pan-Africano, convocado em Londres por um advogado de Trindade, Henry Sylves-

ter Williams, movimento do qual se tornou presidente depois da morte deste último. É considerado o pai do pan-africanismo contemporânea que, antes dos africanos, protestou contra a política imperialista na África, em favor da independência, na perspectiva de uma associação de todos os territórios para defender e promover sua integridade. Sem pregar a volta para África dos negros americanos, defendia os direitos deles enquanto cidadãos da América e exortava os africanos a se libertarem em sua própria terra. Por ter defendido também a volta às origens, Du Bois merece também o nome de Pai da Negritude. (Munanga, 2012, p. 30-45, grifo do autor)

Sua influência foi considerável sobre personalidades africanas de primeiro plano, como Asikiwe Nandi, primeiro presidente da Nigéria, Kwame N'Krumah, primeiro presidente da República de Gana, cujo defesa do pan-africanismo foi uma de suas ideias-forças; Jomo Kenyata, primeiro presidente da República do Quênia (Munanga, 2012, p. 46)

Du Bois exercerá também profunda ascendência sobre os escritores negros americanos. Seu livro *Almas negras* tornou-se uma verdadeira bíblia para os intelectuais do movimento Renascimento Negro (entre 1920 e 1940). Reagindo, por sua vez, contra os estereótipos e preconceitos inveterados que circulavam a respeito do negro, longe de lamentar-se de sua cor, como acontecia com alguns no passado, o movimento reivindica-a, encontrando nela fonte de glória. Tratava-se de ter a liberdade de se expressar como se é, e sempre se foi; de defender o direito ao emprego, ao amor, à igualdade, ao respeito; de assumir a cultura, o passado de sofrimento. A origem africana.

Todo esse programa é revelado de forma concisa e sem arrogância num parágrafo célebre de um artigo da revista *The Nation*, de 23 de junho de 1926 (apud Munanga, 2009, p. 47), considerado o manifesto do movimento ou, ainda, a declaração de independência do artista negro:

> Nós, criadores da nova geração negra, queremos exprimir nossa personalidade sem vergonha nem medo. Se isso agrada aos brancos, ficamos felizes. Se não, pouco importa. Sabemos que somos bonitos. E feios também. O tantã chora, o tantã ri. Se isso agrada à gente de cor, ficamos muitos felizes. Se não, tanto faz. É para o amanhã que construímos nossos sólidos templos, pois sabemos edificá-los, e

> estamos erguidos no topo da montanha, li-
> vres dentro de nós.

Langston Hughes (nascido em 1902, de pai branco e mãe negra) foi também muito prestigiado pelos
iniciadores da Negritude. Quando foi a Paris, tornou-se amigo pessoal de Leon Damas e de Senghor.
Não à vontade na civilização ocidental, segundo ele,
dura, forte e fria, seu coração bate nos tantãs africanos e contempla a sarabanda das luas selvagens. "Todos os tantãs do mato batem no meu sangue. Toda as
luas selvagens e ferventes do mato brilham na minha
alma" (Munanga, 2009, p. 47).

No entanto, ele não procurou fugir do combate co-
tidiano do seu povo. É na América que ele ficará, pois
escreverá: Eu também sou a América.

A Negritude, filha do pan-africanismo, nasce nas
décadas de 1930 no "quartier Latim", em Paris, entre
os estudantes negros da diáspora, especificamente
das Antilhas franceses e da África colonizada. Quando esses estudantes começaram a povoar as universidades francesas, logo começaram a perceber pouco
a pouco, as flagrantes contradições entre as políticas
de assimilação. O mito da civilização ocidental como
modelo absoluto, tal como lhes era ensinado nas colônias, começou a se desfazer.

Estávamos orgulhosos de sermos franceses,
apesar de negros africanos, declarou Senghor: Revoltamo-nos, às vezes, por sermos
considerados apenas consumidores de civilizações. As contradições da Europa: a ideia
não ligada ao ato, a palavra ao gesto, a razão
ao coração e daí à arte. Estávamos preparados
para gritar: hipocrisia! (Munanga, 2009, p. 48)

As circunstâncias em que o conteúdo da negritude foi elaborado nos meios intelectuais negros de
Paris por volta de 1935 são essenciais para sua compreensão. Naqueles tempos em que a colonização de
conquista terminava e a Europa começava a insta-
lar-se tranquilamente na África, para ali ficar indefi-
nitivamente, os estudantes negros duvidavam ainda
de suas próprias culturas. Os coloniais exportavam
na África a civilização ocidental. Mas para o uso dos
africanos essa civilização era filtrada e censurada,
porque tudo que vinha da Europa não convinha para
essas crianças grandes que eram os negros e para que
eles pudessem respeitar os brancos achava-se melhor
não deixá-los ver certas coisas. Aos olhares dos coloniais, a civilização europeia, simplesmente chamada
civilização, estava para se estabelecer numa espécie
de deserto cultural. O direito europeu não encontra-

va outro direito, mas sim costumes bárbaros; o casamento monogâmico não se substituía a uma outra forma de casamento, mas sim a uma concubinagem imoral; as religiões cristãs não se opunham a outras religiões, mas sim às superstições ridículas (Adotevi, 1972, p. 118-121).

A potência material branca que se difundia na Europa e na África, a pressão psicológica considerável exercida pela administração colonial e pelos missionários, abalaram profundamente a visão que certos africanos tinham de suas heranças sociais e culturais. Eles as julgaram do ponto de vista europeu e as consideravam inferiores e vergonhosas (Munanga, 1986). Para se curar desse sofrimento, muitos intelectuais tornaram-se assimilados, isto é: ocidentais de pele negra (Fanon, 2008). Mas como eles tinham justamente a pele negra, esta fazia da assimilação plenamente alcançada no plano cultural um engano no plano da vida social. O médico negro continuava a ser tratado por "tu" por um lojista branco.

A negritude é um conceito de síntese. Mas, antes de tudo, ela é uma atitude total de resposta a uma situação. Aimé Césaire, com Léopold Sedar Senghor, Léon Damas e outros, cria o termo negritude e o define como "consciência de ser negro, simples reconhecimento de um fato que implica aceitação — assumir sua negritude, sua história e sua cultura". E Senghor escreve: "É antes de mais nada uma negação, mais precisamente a afirmação de uma negação". É o momento necessário de um movimento histórico: o recuso de assimilar-se, de se perder no outro. Mas como este movimento é histórico, ele é ao mesmo tempo dialético, pois a recusa do outro é a afirmação de si. Essa afirmação de si diante da civilização ocidental conduziu esses intelectuais negros vivendo na Europa a tomar consciência de uma civilização africana, apesar das diferenças entre suas diversas heranças sociais. Assim, o conceito de negritude transcende as particularidades étnicas e nacionais. É, segundo as palavras de Senghor, "o patrimônio cultural, os valores e, sobretudo o espírito da civilização negro-africana".

A negritude criticava a relação de dependência cultural que o colonizador tentava restabelecer e dava fundamento à luta para a reconquista da independência africana.

O exame da produção discursiva dos escritores da negritude permite levantar três objetivos principais: buscar o desafio cultural do mundo negro (a identidade negra africana), protestar contra a ordem colonial, lutar pela emancipação de seus povos oprimidos e lançar o apelo de uma revisão das relações entre os povos para que se chegasse a uma civilização não universal como a extensão de uma regional imposta pela força — mas uma civilização do universal, encontro de todas as outras, concretas e particulares. Entre os três desafios que acabamos de levantar, o que impressiona imediatamente por sua amplitude e pela variedade das disciplinas mobilizadas à sua compreensão é a afirmação e a reabilitação da identidade cultural, da personalidade própria dos povos negros. Poetas, romancistas, etnólogos, filósofos, historiadores, etc. quiseram restituir à África o orgulho do seu passado, afirmar o valor de suas culturas, rejeitar uma assimilação que teria sufocado a sua personalidade.

Por Césaire, a negritude é o simples reconhecimento do fato de ser negro, a aceitação de seu destino, de sua história e de sua cultura. Mais tarde, Césaire a definiu em três palavras: identidade, fidelidade, solidariedade. A identidade consiste em assumir plenamente, com orgulho, a condição de negro, em dizer, cabeça erguida: sou negro. A palavra foi despojada de tudo o que carregou no passado, como desprezo, transformando este último numa fonte de orgulho para o negro. A fidelidade repousa numa ligação com a terra-mãe, cuja herança deve, custe o que custar, demandar prioridade. A solidariedade é o sentimento que nos liga secretamente a todos os irmãos negros do mundo. Césaire rejeita todas as máscaras brancas que o negro usava e faziam dele uma personalidade emprestada (Munanga, 2009).

O Teatro Experimental do Negro (TEN) foi fundado em 1944 na liderança de Abdias de Nascimento com a participação do intelectual Guerreiro Ramos. Apesar das denúncias e da luta da Frente Negra Brasileira, naquela época a discriminação racial reinava absoluta. No teatro brasileiro, conta Abdias, o negro não entrava nem para assistir espetáculo e muito menos para atuar no palco. Ele só entrava no teatro vazio para limpar a sujeira deixada pelo elenco e pela plateia, exclusivamente composta de brancos. O Teatro Experimental do Negro nasceu para contestar essa discriminação, formar atores e dramaturgos negros, e resgatar uma tradição cultural cujo valor foi sempre negado ou relegado aos ridículos padrões culturais brasileiros: a herança africana em sua expressão brasileira, ou seja, a africanidade brasileira. Assim, o TEN continuava a tradição de protesto legada pela Frente Negra, não no sentido de assimilação, mas integrava a essa dimensão a reivindicação da diferença, ou seja, reivindicava o reconhecimento do valor civilizatório da herança africana e da personalidade afro-brasileira. Assumia e trabalhava sua identidade específica, exigindo para que a diferenças deixasse de ser degradada em desigualdade. Essa dupla dimensão do TEN é claramente explicitada na seguinte frase atribuída ao seu idealizador fundador, Abdias de Nascimento:

> Fundando o Teatro Experimental do Negro em 1944, pretendi organizar um tipo de ação que a um tempo tivesse significado cultural, valor artístico e função social [...]. De início, havia a necessidade do resgate da cultura negra e seus valores violentados, negados, oprimidos e desfigurados [...]. O negro não desejava ajuda isolada e paternalista, como um favor especial. Ele deseja e reclama um status elevado na sociedade, na forma de oportunidade coletiva para todos, a um povo com irrevogáveis direitos históricos [...] a abertura de oportunidades reais de ascensão econômica, política, cultural, social, para o negro, respeitando-se sua origem africana (Abdias apud Guimarães; Hunteley, 2000, p. 206-210).

Diz Abdias que ele concebeu o TEN durante uma viagem em Lima, no Peru, quando assistia à peça *O Imperador Jones*. De Eugene O'Neil, estrelada por Hugo D'Evieiri, um argentino branco pintado de preto.

Refleti: no Brasil fatalmente acontece o mesmo. Em primeiro lugar, no teatro não existia uma peça com protagonista negro de densidade dramática; só estereótipo do moleque bobo de riso fácil, a mãe preta abnegada ou o pai João submisso. Talvez uma peça norte-americana com protagonista negro até se poderia montar, mas um autor negro no papel principal, nunca. Sempre cultura discriminatória exigiria o pixe, pois no seu conceito, um ser inferior não seria capaz de desempenhar um papel de tal envergadura.

De volta ao Brasil, consegui reunir um grupo pequeno de resolutos e de convictos para iniciar os trabalhos do Teatro Experimental do Negro, então, resolvemos estrear com uma produção do mesmo o Imperador Jones. Unanimemente, todos aconselharam uma estreia mais modesta, uma peça que não exigisse tanto empenho, expressão dramática e sofisticação de elenco de novatos, ainda por cima negros!

Em seguida, ele mostra reações muito diferentes. Na África, no plano intelectual e artístico e no plano político, há a tomada da consciência do passado africano, a reivindicação da africanidade e da independência. É o movimento da Negritude que começou por volta de 1935 no meio de estudantes africanos em Paris; é o processo de descolonização que começa em 1956 (República do Sudão) e 1957 (Gana) e atingiu seu apogeu em 1960 (27 independências). Nos Estados Unidos é a luta para o reconhecimento da igualdade jurídica no Sul, da igualdade social no Norte, e por toda parte contra o obstáculo econômico que representa a cor da pele. Parece que os negros americanos naquela época, salvo alguns grupos como o Black Muslims ou o Black Power, reclamavam a integração a mais completa na sociedade americana. Mais do que a africanidade, eles preferiam a americanidade.

Os negros africanos, embora formassem uma minoria sociológica nas colônias, representavam uma considerável maioria demográficam enquanto os negros americanos representavam uma minoria ao mesmo tempo sociológica e demográfica. No Sul do Saara, a situação dos contatos entre brancos e colonizados foi comparativamente curta, 75 anos em média; nas Américas ela durou muitos séculos. Na África, a força econômica e social das castas coloniais brancas foi relativamente menos considerável que a exercida pelas comunidades brancas nos Estados Unidos. Em muitos domínios da vida coletiva africana, as instituições e as normas tradicionais permaneceram dominantes durante todo o período colonial (por exemplo, organizações familiais, técnicas de agricultura, de caça e criação de gado, línguas, crenças religiosas, etc.), enquanto nos Estados Unidos os africanismos foram menos numerosos, comparativamente ao Brasil, que recebeu cerca de 40% de todos os africanos deportados nas Américas.

Evoca-se frequentemente a desintegração das culturas africanas sob as influências que não existiam na África pré-colonial: os livros, as técnicas industriais, as administrações complexas, as intensas relações internacionais. O fato de que os fragmentos culturais africanos trazidos no Novo Mundo pelos escravizados tenham permitido às comunidades negras das Américas reconstruir em parte o tecido original e mantê-lo é uma prova de extraordinária resistência da africanidade na diáspora.

Evidentemente, as sociedades africanas de hoje não vivem da mesma herança cultural do fim do século XIX, quando começou a colonização. Mas qual é a comunidade cultural que possui hoje o patrimônio cultural de antigamente? Todas as civilizações se enriqueceram incrivelmente em contato umas com as outras. No entanto, elas não perderam sua identidade, que se enraíza em seu passado (Thomas, 1982, p. 304).

Africanidades brasileiras (plural), na minha interpretação, poderia ter o mesmo sentido que os africanismos de Herskovits para designar os elementos da herança africana que sobreviveu na diáspora. Todas as comunidades de matrizes africanas na diáspora reivindicam hoje duas coisas complementares: a inclusão nas sociedades que escravizaram seus antepassados africanos e seus descendentes não no sentido assimilacionista, mas reconhecendo ao mesmo tempo sua identidade ancorada por um lado na continuidade africana, daí a importância de ensinar a história e a cultura africana, e, por outro lado, nas culturas de resistência que elas criaram no novo mundo em defesa de sua dignidade e liberdade humanas, daí a importância de ensinar também a história e a cultura negra na diáspora. A nova equação é: queremos ser incluídos sim, mas reconhecendo e respeitando ao mesmo tempo nossa identidade que passa pelas nossas diferenças corporais, culturais e históricas. Não é sem fundamento que os negros americanos rejeitaram politicamente a identidade de afro-americanos (Afro-Americans), que corresponderia à nossa de afro-brasileiros, para adotar a identidade de africanos americanos (Africans Americans), para reafirmar sua herança africana que por muito tempo lhes foi negada.

Referências

ADOTEVI, Stanilslas. *Négritude et négrologues*. Paris: Union générale d'éditions, 1972.

FANON, Franz. *Pele negras máscaras brancas*. Salvador: EDUFBA, 2008.

HERSKOVITS, J. Melville. *L'Héritage du Noir*. Paris: Présence Africaine, 1962.

MAQUET, Jacques. *Africanité Traditionnelle et Moderne*. Paris: Présence Africaine, 1967.

MUNANGA, Kabengele. *Negritude: usos e sentidos*. 3. ed. Belo Horizonte: Autêntica, 2009.

. *O conceito de africanidade nos contextos africano e brasileiro*. In: OLIVEIRA, Jurema (Org.). *Africanidades e Brasilidades: culturas e territorialidades*. Rio de Janeiro: Dialogart, 2015. p. 9-25.

NASCIMENTO, Abdias do; NASCIMENTO, Elisa Larkin. *Reflexões sobre o Movimento Negro no Brasil, 1938-1997*. In: GUIMARÃES, Antônio Sergio Alfredo; HUNTLEY, Lynn (Org.). *Tirando a máscara: ensaios sobre o racismo no Brasil*. São Paulo: Paz e Terra, 2000. p. 203-235.

THOMAS, L.Vincent. *Les idéologies negro-africaines daujourd'hui*. Paris: Librairie A. G. Nizet, 1982.

CaDeRNOS uLTRaMaRes

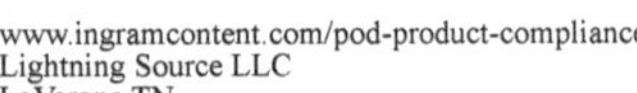